Il TAO
DELL'ARCHITETTURA

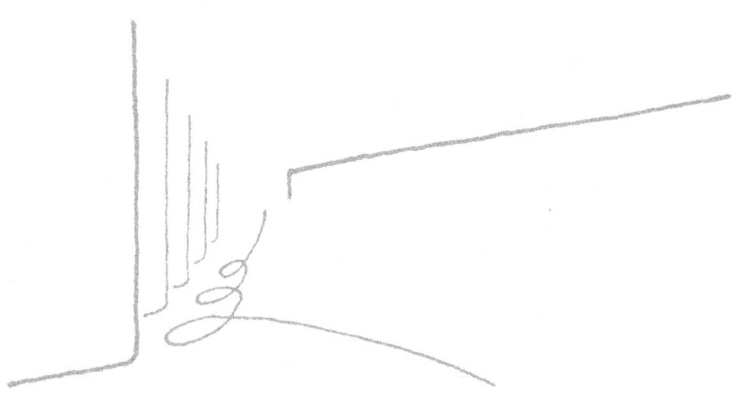

Il TAO dell'architettura
di Amos Ih Tiao Chang

Traduzione dall'inglese di Antonella Bergamin

The Tao of Architecture
© 1981 Princeton University Press

Formerly titled *The Existence of Intangible Content in Architectonic Form
Based upon the Practicality of Laotzu's Philosophy*

© 2016 Postmedia Srl, Milano

Design: Cookie Sung

www.postmediabooks.it
isbn 9788874901715

Il TAO
DELL'ARCHITETTURA

Amos Ih Tiao Chang

postmedia●books

Premessa
Questo libro è pervaso e illuminato dalla saggezza di una cultura
antica. L'opera di Amos Ih Tiao Chang utilizza un linguaggio
moderno per offrire una visione unica della vitalità degli elementi
intangibili in architettura. Con questo strumento semplice,
trasparente come l'acqua di fonte e naturale come l'aria, Chang
si rivolge a chi ha iniziato a percepire la sterilità di spirito che
ormai pervade le imprese attuali per consentire all'immaginazione
architettonica di riprendere a costruire con rinnovato fiato e
coraggio. Per Chang questo processo prende il nome di oblio
creativo.
A.M. Friend, Jr., A.M., Litt. D.
Jean Labatut, A.I.A.

Nota alle illustrazioni.
Per i dipinti cinesi riprodotti in questo volume si ringrazia la Freer
Gallery of Art, Smithsonian Institution, Washington, D.C.
Limpido cielo d'autunno su valli e montagne, dettaglio. Inchiostro e
colore su seta, attribuito a Kuo Hsi; dinastia Sung, XI secolo.
Padiglioni, dettaglio. Tratteggio a inchiostro su carta, attribuito a
Li Kung-lin; dinastia Sung, XI-XII secolo.
Il regno degli immortali, dettaglio. Tratteggio a inchiostro su carta,
attribuito a Li Kung-lin; dinastia Sung, XI-XII secolo.
Palazzi tra le montagne, dettaglio. Colore e oro su seta; dinastia
Ming, 1500 ca.

Le manifestazioni fisiche della vita sono plastiche: per questo l'uomo può manipolarle e modificarle ogni qualvolta non corrispondono alle esigenze del tempo e del luogo. Ma ciò che è intangibile si pone al di là del potere dell'uomo come un serbatoio permanente dal quale attingere il potenziale della vita a seconda del bisogno corrente. Al di là del potere della manifestazione, questo fattore è in genere non solo invisibile ma spesso anche ignorato: ed è il fattore che risulta fondamentalmente e particolarmente esaltato dalla filosofia di Lao Tzu.

La nostra è un'epoca di progresso materiale e rapida differenziazione. Per questo motivo, sembra che due problemi particolarmente degni di nota e vitali nella pratica dell'architettura siano la qualità umana dell'ambiente fisico e l'armonia e l'unità dei diversi edifici. Con il passare del tempo, mi appare sempre più chiaro che questi due problemi possono essere affrontati attraverso il negativismo attivo di Lao Tzu, la filosofia dell'intangibilità.

Il Tao di cui si può parlare non è l'eterno Tao,
i nomi che si possono nominare non sono nomi eterni.[1]
(Cap. 1)

Lao Tzu è ormai piuttosto conosciuto a Occidente. Purtroppo le sue idee sono espresse sotto forma di semplici paradossi: per questo il loro significato è facilmente frainteso nella forma di nomi e parole tangibili che lo stesso Lao Tzu ritiene deleteri. Nella citazione sopra riportata dal suo libro, *Tao Te Ching*, egli pone le fondamenta del proprio pensiero dicendo che le presentazioni tangibili, i nomi e le parole particolari, hanno significati specifici prestabiliti che le associazioni mutevoli a seconda del tempo e del luogo rendono, però, sterili. Considerando la realtà per ciò che pensiamo che sia e non ciò per che è, Lao Tzu sviluppa ogni variazione del proprio pensiero sulla base di un punto di vista relativo, un atteggiamento definito nel modo più efficace dal suo seguace Chuang Tzu:

Una rana nel pozzo non può parlare del mare, è limitata dallo
spazio che le sta intorno; un insetto estivo non può parlare del
ghiaccio, oltre alla stagione in cui vive non conosce nulla.
(da *Acque d'autunno*)[2]

Ma in Lao Tzu la concezione della relatività ha un valore organico. Acquisizione e perdita sono considerate parti di un fenomeno unico. In un esempio, per descrivere il cambiamento organico nella natura, Lao Tzu utilizza la forma dell'arco che si estende quando le sue estremità si tendono fino ad avvicinarsi. La forma mutevole dell'arco può rendere la relatività comprensibile anche a un profano. In altri esempi paradossali Lao Tzu offre un'immagine più autentica della vita come un'esperienza intercambiabile e fluida nella quale nulla è permanentemente fissabile o del tutto conoscibile.

... se non fosse per la loro pienezza,
i torrenti potrebbero inaridire;
se non fosse per la loro fecondità,
i diecimila esseri potrebbero estinguersi ...
(Cap. 39)

Dal momento che la crescita è considerata la funzione elementare di tutto ciò che vive, qualunque cosa sia completa, perfetta, e impossibilitata a crescere e a cambiare, è per definizione morta. L'idea di vita e della funzione della natura in Lao Tzu è che tutte le cose scaturiscono dal nulla e si sviluppano dall'incompletezza verso le loro maturità più piene per poi avviarsi al deterioramento. Consapevole di questo deterioramento futuro e inevitabile e della non validità del valore assoluto di qualunque essere tangibile a livello di nomi e di aspetto, egli ipotizza affermativamente che per affrontare la realtà occorre accontentarsi di accettare il lato negativo dell'essere insieme al lato positivo, e lasciare il completamento alla natura.

La saggezza rivelata da questa visione è: dal momento che ogni aspetto della realtà è solo ciò che pensiamo che sia da un certo punto di vista e non ha alcun essere reale definito, esiste solo l'auto-soddisfazione e non l'auto-sufficienza in qualunque essere concepibile esistente nella vita umana in particolare e nella natura in generale. È ammettendo il non-essere come mezzo positivo che l'auto-soddisfazione può diventare auto-sufficienza. Riguardo all'umanità nel suo complesso, quindi, Lao Tzu propende per la modestia, per la tolleranza e l'imparzialità. Ma, ironicamente, anche un'affermazione eccessiva della sua filosofia può indurci in errore. Riguardo al non-essere come fine assoluto, il suo seguace Chuang Tzu porta questa linea di pensiero alle estreme conseguenze diventando così indifferente alla differenza tra un inizio e la fine corrispondente in ogni cosa da negare il processo stesso della vita. Questo punto di vista che si traduce in una filosofia della totale non-esistenza risulta per molti troppo arduo da comprendere. Essendo un architetto del tempo presente, mi interessa in particolare riconoscere in Lao Tzu l'aspetto pratico piuttosto che l'interpretazione convenzionale della filosofia dell'inattività nella vita in generale.

È, tuttavia, interessante osservare che Lao Tzu non limita l'applicazione del processo di crescita e cambiamento a un ambito particolare della natura. Il Tao, l'essere intangibile generale della creazione, si manifesta in istanze fisiche, biologiche e psicologiche delle quali il Te è in ogni caso l'essere intangibile della manifestazione particolare. La demarcazione tra questi due esseri intangibili (uno dato per tutti e l'altro dato agli individui) ci convince che le cose sono create uguali (tutte a partire dall'unicità del Tao) ma diverse (perché manifestazioni specifiche del Te). Al di là della pura implicazione dell'infinita pluralità dei generi specifici nell'umanità, l'idea di non-essere suggerisce che le manifestazioni fisiche e psicologiche sono tanto vive quanto quelle biologiche perché la natura è un tutto organico nel quale la demarcazione terminologica e omologica è temporanea e non vera.

Ritornare è il movimento del Tao,
Flessibilità è l'uso del Tao.
(Cap. 40)

Di conseguenza, per capire l'idea di processo senza nome del cambiamento in Lao Tzu, occorre sapere che esso riguarda gli stati opposti di essere e non-essere, non gli stati tangibili dell'essere espressi sotto forma di nome e di immagine. Quindi, la morte è considerata semplicemente come il non-essere della vita analogamente allo stato della vita prima della nascita. E l'essere intangibile di una cosa può essere interpretato come l'ovvio complemento della "cosa" alla quale conferisce un'unità interrelata e reversibile e piena realtà. L'essere bianco e l'essere nero sono indicati come opposti perché prima o poi l'occhio che guarda al bianco tenterà di introdurre il nero per produrre un equilibrio. Più specificamente, Lao Tzu implica che l'ignoranza e l'intelligenza sono opposte perché, attraverso l'illuminazione soggettiva o la rivelazione oggettiva, un'estrema intelligenza o saggezza produrrà l'imparzialità e si tradurrà in ignoranza deliberata.

In ogni caso, in base al punto di vista relativo, ciò che è definito positivo è semplicemente la finalità convenzionalmente enfatizzata o specificamente attesa. Se il bianco può essere definito positivo in un luogo in quanto opposto al nero, può essere al contempo definito negativo laddove il nero sia valutato da un punto di vista diverso. O, a seconda del grado di manifestazione, potremmo dire che l'aspetto tangibile di una cosa è positivo e il suo aspetto intangibile è negativo. L'ordine può essere invertito.

Questo ordine di inversione ci appare realistico quando poniamo il principio di Lao Tzu in relazione all'interazione tra qualunque coppia concepibile di stati opposti delle "cose" in natura. Vedremo che, come esemplificato dall'interdipendenza tra maschio e femmina, ogni cosa ha la propria insufficienza, il proprio contenuto negativo e intangibile.

Seppure non materialmente manifestato, questo contenuto intangibile nelle "cose" è considerato come qualcosa di REALE. Nel testo di Lao Tzu, è definito la "forma del senza-forma" o "l'immagine del non-essere" (Cap. 14). Benché appaia vago, per afferrarne la realtà basta pensare a un'immagine femminile nella mente di un uomo o viceversa.

Allo stesso modo, un polo di un campo magnetico o un acido non è autosufficiente e ha il suo opposto intangibile. Il significato così come la vitalità delle "cose" negli aspetti biologici, fisici e psicologici esiste nella combinazione di una coppia di esseri opposti ovvi, ognuno dei quali non possiede gli attributi dell'altro e ne ha bisogno.

L'idea fondamentale del pensiero di Lao Tzu è, come si è detto, che, una volta raggiunto il punto del compimento tangibile, si esaurisce il potenziale di crescita. Egli parla di un fattore che con la propria intangibilità determina una possibilità quasi illimitata di cambiamento e sviluppo ulteriore. Questo principio generale è espresso nel modo più efficace nei termini della costituzione dello spazio fisico:

> *Modelliamo l'argilla per fare un vaso;*
> *grazie al suo vuoto abbiamo l'utilità del vaso.*
> *Ritagliamo porte e finestre per fare una casa:*
> *grazie al loro vuoto abbiamo l'utilità della casa.*
> *Perciò, se l'uso dell'essere è benefico,*
> *l'uso del non-essere è ciò che ne crea l'utilità.*
> (Cap. 11)

Rapportata all'architettura, questa affermazione suggerisce che l'immateriale, ciò che si tende a non considerare, è l'elemento più utile. Il vuoto, convenzionalmente considerato negativo, è in realtà più importante perché può sempre essere riempito.

Ma il vuoto fisico come tale è comunque senza senso per noi perché, anche se l'uomo, essere costantemente mutevole, vive fisicamente nello spazio, psicologicamente vive nella dimensione del tempo. Il tempo, anche se intangibile, è più vicino all'uomo perché più apprezzabile dal suo organismo e perché è la componente principale della continuità della vita. Di conseguenza, che sia o meno coscientemente considerata, la composizione architettonica si fonda sul fattore temporale sia in quanto funzione fisica che in quanto esperienza psicologica. Essendo fondata sul tempo come fattore principale di organizzazione, l'architettura può essere definita "l'espressione spaziale della vita e dell'esperienza umana nel tempo".

Probabilmente è per via della coscienza umana del limite temporale della vita che l'organizzazione dello spazio vitale non può escludere la massima in qualche modo ambigua della "Convenienza". Per fugare questa ambiguità possiamo ipotizzare che sia desiderabile un tempo minimo di circolazione e quindi, in caso di alta frequenza di circolazione, una distanza abbastanza breve da non richiedere un tempo eccessivo. Quindi, quando la velocità di circolazione è costante, lo spazio funzionale usato con maggiore frequenza e intensità dovrebbe essere posizionato relativamente più vicino al centro di una composizione.

Secondo questo ragionamento, tra due aule scolastiche di pari capienza, quella che è usata con maggiore continuità nell'arco di un'ora dovrà probabilmente avere una posizione più centrale rispetto a quella che è usata in modo sempre continuativo ma nell'arco di due ore.

Ma passiamo a considerare un elemento che è utilizzato solo sporadicamente o in modo contingente.

Per questo il saggio, viaggiando tutto il giorno,
non si allontana dal carro con i bagagli.
(Cap. 26)

È vero che, principalmente, Lao Tzu è consapevole del pericolo insito nell'attributo tangibile ed è per la sufficienza nella semplicità. Ma, indagando ulteriormente l'ambito dell'intangibilità, riscontriamo anche la sua consapevolezza della semplicità senza impreparazione. Come indicato nell'affermazione sopra riportata, la cosa che non è utilizzata è utilizzabile e una cosa che non è tangibilmente occupata può essere considerata, in un certo senso, intangibilmente occupata.

Diventa così logico ipotizzare che la posizione di uno spazio funzionale in una composizione sia determinata non solo dall'effettiva frequenza d'uso ma anche dal potenziale che si auspica sia riservato a un utilizzo imprevisto. Per giustificare la posizione centrale di una caserma dei vigili del fuoco in una città, ad esempio, occorre immaginare che da un momento all'altro un'autopompa intangibile sia pronta a partire, anche se di fatto rimane ferma. È stata proprio la considerazione di una parte non utilizzata ma dotata di una funzione reale a salvare l'Imperial Hotel di Tokyo da un incendio.

La previsione inutilizzata di occupazione spazio-tempo in una composizione è ciò che consente all'uomo di muoversi nello spazio architettonico senza alcun limite temporale. Senza questo contenuto, questa prontezza intangibile, lo spazio funzionale è destinato a diventare rigido e privo di vitalità.

È possibile che, confrontando le potenziali frequenze d'uso di diversi spazi funzionali, sia possibile stabilire specificamente una struttura per l'organizzazione funzionale. Al momento, la stima della frequenza di servizio intangibile di uno spazio funzionale, particolarmente quando sono coinvolti livelli organizzativi diversi, è talmente complessa, e arbitraria, che può essere valutata solo sulla base dell'esperienza e nel rispetto di condizioni e punti di vista specifici. Per questa ragione, il problema dell'organizzazione funzionale non sarà affrontato nell'indagine che segue.

Detto ciò, gli aspetti richiamati nel problema anche solo dell'esperienza psicologica sono molteplici. Essendo un architetto, limiterò il raggio di questa indagine all'area che un architetto è tenuto a considerare nella composizione visiva. Ma, dato che la profondità del pensiero di Lao Tzu risiede nella semplicità del ragionamento, occorre un processo analogico per comprendere come utilizzare le sue idee per affrontare le innumerevoli problematiche sia prosaiche che primarie della composizione architettonica. È solo adottando l'analogia che il principio onnicomprensivo della filosofia di Lao Tzu può essere utilizzato come struttura di pensiero principale di questa indagine.

La contemplazione non-formale mi induce a credere che sia l'esistenza di elementi intangibili, il negativo, nelle forme architettoniche a renderle vitali, a farle diventare umane, a far sì che si armonizzino naturalmente tra loro, e a consentirci di viverle con sensibilità umana. Questo è il punto di vista fondamentale della mia indagine.

Dato che, sulla base del principio del punto di vista relativo, un architetto non deve assoggettarsi ad alcuna regola assoluta, questa indagine si occupa principalmente del contenuto intangibile come strumento della composizione. Il principio dell'uso di strumenti negativi (contenuto intangibile) per raggiungere una finalità positiva (ciò che ci si aspetta) ha origine con Lao Tzu ma le interpretazioni specifiche e i metodi suggeriti in rapporto all'applicazione del principio sono esclusivamente frutto della mia elaborazione.

Il materiale di questa indagine è stato sviluppato attraverso esperienze dirette con le forme architettoniche: esperienze che si compongono delle tante immagini complesse e mobili esistenti nella mente, l'ambito che si pone sempre al di là della rappresentazione tangibile. Di conseguenza, il risultato di questa indagine può esistere nella sua realtà più compiuta solo nella mente di chi applica i principi richiamati nella loro molteplicità di modi.

Note

1. Tutte le citazioni sono tratte da Lao Tzu, *Tao Te Ching*, traduzione di Augusto Shantena Sabbadini, Feltrinelli Editore, Milano 2011.
2. Zhuang-zi, *Acque d'autunno*, Laterza & Figli, Bari 1989.

*L'eccesso viene diminuito,
l'insufficiente viene aumentato.*
(Cap. 77)

I fenomeni naturali ci appaiono significativi non solo quando interagiamo con le loro manifestazioni momentanee ma anche quando sintetizziamo il modo in cui cambiano reciprocamente nel tempo da un certo punto di vista. Questo è un aspetto particolarmente importante per Lao Tzu, per il quale la realtà è esclusivamente ciò che pensiamo che sia e ciò che conta nella comprensione della natura è il processo della sua funzione, l'unico elemento attraverso il quale sia possibile rivelare la legge dell'esistenza ipoteticamente concepita da un potere invisibile.

Ciò non significa che si debba credere in Dio in quanto tale. Nel semplice linguaggio di Lao Tzu, l'essere soprannaturale è qualcosa di sconosciuto. L'unica cosa intelligibile è la sua funzione così come si manifesta nel processo del divenire, dall'essere intangibile all'essere tangibile, di ogni aspetto concepibile della realtà come il ritmo ovvio tra la vita e l'assenza di vita.

Colui che muore, ma non perisce, possiede la vera longevità.
(Cap. 33)

Senza riferirsi in alcun modo a Dio o all'anima, Lao Tzu implica direttamente un altro aspetto intangibile della vita umana. La sua affermazione farebbe pensare a una visione incoraggiante della vita nella quale la non-esistenza fisica è una parte infinita della vita.

La filosofia di Lao Tzu, così come enfatizzata nell'affermazione sopra riportata, riguarda la natura come un tutto organico nel quale la parte intangibile è la più vitale. All'individuo è richiesto di non farsi accecare dagli stati dell'essere momentanei o frammentari ma di essere consapevole di ciò che, pur non essendo visibile, è

destinato ad apparire. Ponendosi al centro della manifestazione naturale totale, egli guarda alle "cose" in modo divergente attraverso la trasparenza del tempo. In questo modo egli vede non solo le "cose" ma anche gli stati indefiniti del cambiamento attraverso le "cose" e il potere di crescita infinita implicito nell'intangibilità. Senza nominare le polarità del cambiamento, egli generalizza il processo del cambiamento in una semplice affermazione:

> *Il Tao del cielo diminuisce l'eccesso,*
> *e aumenta l'insufficiente.*
> (Cap. 77)

L'indicazione fornita da questa affermazione evidenzia l'esistenza di diversi attributi naturali che attendono di trasformare una forma architettonica prima ancora che noi la poniamo nello spazio. Gli strumenti tangibili della composizione a disposizione dell'uomo sono limitati, le trasformazioni offerte dalla natura sono infinite.

L'uomo fa esperienza dello spazio attraverso l'olfatto, il tatto e la percezione collegata di temperatura e umidità. Tutti insieme questi elementi concorrono alla nostra percezione della distanza tra la nostra posizione e le fonti di tali sensazioni. Nessuno di questi, però, conta quanto la vista. Qualunque cosa un normale individuo percepisca, in modo specifico o composto, attraverso altri agenti fisiologici, è associata in modo complementare alla forma visiva e riportata a questa per conferma. Trovandosi di fronte a una tale mole di problemi percettivi, l'architetto è particolarmente responsabile di ciò che un individuo vedrà e di come lo vedrà in relazione agli elementi tangibili che, direttamente o indirettamente, stimolano tutti gli altri sensi, concorrendo alla sua sensazione di esistere nello spazio.

Detto ciò, vedere non è una funzione che l'uomo svolge in totale autonomia. L'uomo si limita ad aprire gli occhi. È la luce, un attributo che gli manca, ad alzare il sipario sulla realtà esterna. La relazione tra l'esperienza umana e la luce in natura è un passaggio organico tra tangibile e intangibile perché, come dice Lao Tzu, "La ragione per cui cielo e terra possono durare e permanere è che non vivono per se stessi" (Cap. 7). I nostri occhi sono immersi in un mare di milioni di raggi luminosi colorati ma i colori possiamo conoscerli solo indirettamente attraverso la rifrazione e il riflesso prismatico derivanti dai pigmenti. Durante il processo visivo, poi, l'individuo si adatta alle diverse intensità luminose con una modalità che è attivamente passiva, mentre la natura opera in maniera attivamente passiva quando emana la luce solare soffusa di vapori e polveri che illuminano le aree in ombra grazie al riflesso negativo. Tutti questi stati di adattamento o alterazione, dall'insufficienza alla compensazione o dall'eccesso all'eliminazione, fanno parte del movimento naturale della vita nella visione architettonica.

Conosci il tuo maschile, ma attieniti al tuo femminile.
(Cap. 28)

Il modo in cui la luce naturale attenua i colori e la piena luminosità è significativo: "I cinque colori accecano l'occhio", dice Lao Tzu (Cap. 12). Se puntiamo lo sguardo su qualcosa che ha un valore o una tonalità cromatica intensa, ci troveremo con il tempo a percepire un alone negativo. Quando bianco e nero o tonalità contrastanti si trovano in prossimità, l'esperienza di un'immagine negativa si mescolerà con gli effettivi valori o tonalità, già modificati dall'azione di contrasto, distruggendo la forma fisica da essi definita. La chiarezza, che in questo caso risulta perduta, appare stranamente ma naturalmente preservata nei colori proprio dalla presenza di una certa quantità di intangibile (grigio). La natura si nasconde per proteggere non solo il potenziale della propria energia ma anche la capacità umana di riceverla.

Il grigio o l'assenza di colore è, come illustrato rispettivamente in una ruota cromatica e in un prisma, la realtà futura e iniziale dei colori. È negativa come immagine ma decisamente positiva come potenziale. Non la percepiamo come colore ma è "colori".

Il negativismo nel colore significa, di conseguenza, che ogni qualvolta un colore contiene una parte di grigio, questa corrisponde al contenuto intangibile del suo opposto e favorisce la sua armonizzazione con questo. Non solo, maggiore è la quantità di grigio presente in un colore, più questo perde il proprio essere tangibile e incrementa il proprio potenziale di varietà. Mentre l'armonia dei colori tangibili è un processo di complessità tale da sfidare la razionalizzazione, la presenza, totale o parziale, di grigio nel colore rappresenta invariabilmente un mezzo per la combinazione e la fusione intelligente di molti colori. È naturale che i colori più belli siano definiti "tonalità" [in inglese "shade", che significa anche ombra, NdT].

L'organismo umano è creato per ricevere il lato negativo della natura: coglie la luce riflessa meglio della luce pura e diretta. La porzione di questa luce riflessa manifesta all'uomo è peraltro limitata, particolarmente quando un campo visivo illuminato comprende una superficie pigmentata.

La presenza della luce fa sì che nel colore si possano riconoscere due aspetti ovvi, il colore costante e il colore apparente. In termini relativi, il primo non perde la propria identità in condizioni normali e può essere determinato dall'interpretazione mentale basata sull'esperienza. Il secondo risulta dalla nostra percezione immediata in quanto modificato da un improvviso cambiamento di luce.

Rifuggendo da una chiarezza superflua, la natura offre un altro elemento intangibile, l'ombra, per preservare ciò che ci si aspetta per abitudine mentale da una parte e per consentirci di vedere senza essere intensamente stimolati da colori apparenti dall'altra. Per eliminazione e compensazione, la luce intensa trasformerà il colore ma una luce in apparenza inutilmente fioca ne proteggerà la stabilità con la morbidezza. Ciò che potrebbe essere eccessivamente stimolante e fastidioso si mantiene quindi integro grazie a un'esposizione morbida ma comunque stabile.

> *Attenua lo splendore,*
> *Unisciti alla polvere.*
> *Questa è detta l'unità nascosta.*
> (Cap. 56)

La natura come essere temporale non cessa mai di mutare da un estremo dell'essere all'altro. La diffusione naturale della luce solare non si produce con il tempo sereno come invece tendiamo a credere. Sotto la pressione della luce piena, una superficie lucida rifletterà ciò che riceve in modo tale da ridurre l'autenticità di una composizione. Se l'effetto voluto è un'immagine luminosa, anche la luminosità sarà evidentemente considerata uno strumento compositivo. Nel lungo periodo occorre, però, considerare anche la qualità di un edificio intesa come aspettativa. Molti edifici storici sono la dimostrazione che i materiali rustici, che invecchiano naturalmente, sono, a differenza di quelli rifiniti e artificiali, destinati a durare più a lungo. Durano più a lungo delle superfici rifinite artificialmente perché la loro qualità grezza, corrosa e disorientante possiede una dote di tolleranza che può contrastare la minaccia del tempo. La formazione della morbida bellezza degli antichi edifici rustici trova una giustificazione semplice ma profonda nella filosofia del non-essere.

Ancora più importante è la funzione immediata del negativismo nella finitura superficiale. Oltre al contributo dato dalla polvere che si deposita nei più piccoli anfratti, la rusticità ha il potere di bucare l'azione penetrante della luce piena riflettendola nella propria area parziale, portandola a fondersi con le ombre che si creano contemporaneamente e donando alla superficie una qualità vibrante. La luce violenta presente in natura risulta quindi ammorbidita da materiali che normalmente ci offre la natura stessa.

La qualità della superficie è data dalla combinazione di luce, colore e texture. Ma, di nuovo, si tratta di una qualità priva di un'essenza definita, che trae invece dal confronto con un'altra qualità di superficie. Dal momento che, sia nella concezione che nella percezione, il bianco non è bianco senza l'esistenza del nero, lo stesso tipo di superficie grigiastra apparirà più brillante se accostato al nero ma più cupo se accostato al bianco. Ciò che manca in una cosa è sempre compensato da quanto è presente in un'altra. Le due si completeranno a vicenda grazie alla luce naturale o artificiale. Ciò che si trova di fronte alla fonte luminosa risulterà meno brillante per effetto della diffusione aerea. Ciò che è nascosto dall'ombra riceverà la luce mediante riflesso negativo e ne sarà ravvivato. Né l'una né l'altra cosa, tuttavia, può rimanere sé stessa ed evitare di diventare opaco grigiore all'interno dell'organismo umano. È grazie al ritmo naturale fatto di sforzo e di sollievo che la realtà interna dell'uomo riesce a sintetizzare in modo intermittente un'armonia totale della qualità di superficie esterna.

La schermatura parziale della luce non serve solo a donare costanza e armonia alla qualità di superficie. La natura opta per l'incompletezza anche rispetto alla forma spaziale. Per manifestare una forma, rettilinea o curvilinea, occorre che la luce sia distribuita in modo non uniforme. E lo stesso accade nella dimensione del tempo: l'incompletezza rimane sempre la chiave della manifestazione naturale. Una semplice forma rettangolare con diverse superfici in rientranza sarà arricchita solo dalla scomposizione organica creata da diverse ombre in diversi momenti. Nel suo complesso, il vuoto racchiuso da questa forma sarà percepito come oscuro durante il giorno e, in negativo, luminoso di notte. Tutti questi movimenti vitali per la definizione, l'arricchimento e il ritmo generale fatto di sforzo e riposo sono determinati da un abbattimento della luminosità.

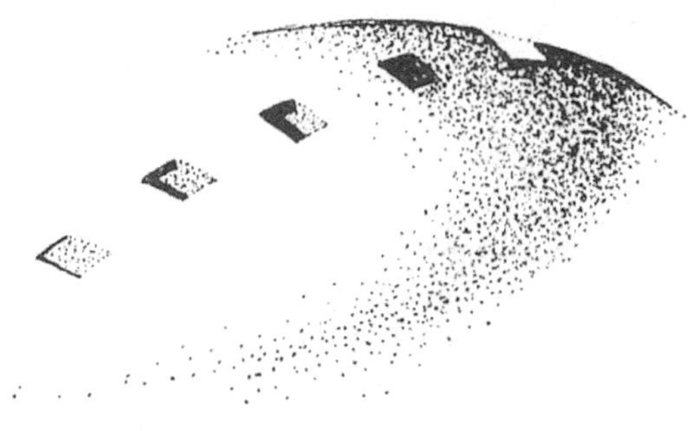

La luce, naturale o artificiale, si insinua in ogni angolo della forma architettonica. L'ombra, che va preservata, è ciò che consente di apprezzare la profondità. Se la luce può essere considerata la linfa vitale di una forma architettonica, l'ombra può essere a buon diritto considerata la sua anima.

Passando all'esperienza dell'estensione spaziale in sé, i nostri occhi non sono in grado di vedere contemporaneamente tutto ciò che esiste in un campo visivo. La visione di un oggetto a una certa distanza può acquistare chiarezza solo grazie all'offuscamento degli oggetti posti a una distanza diversa. Tale deficit del nostro organismo vitale è una risorsa naturale. Senza l'offuscamento, non si compirebbe il passaggio intermittente dalla chiarezza all'oscurità.

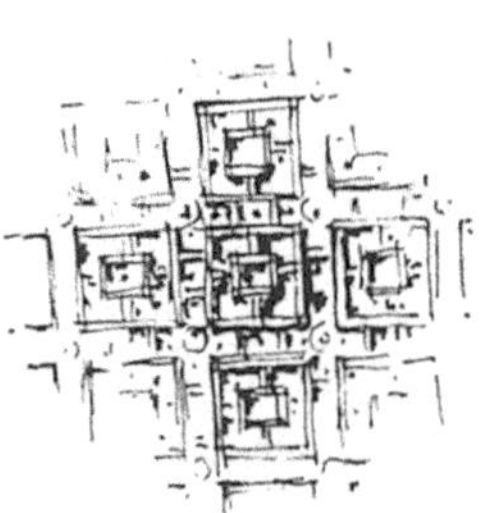

L'efficienza del nostro organismo visivo è talmente limitata da non consentirci di cogliere contemporaneamente nemmeno gli oggetti presenti a distanze simili. Fatta eccezione per gli oggetti che ci sono familiari per esperienza, sono ben pochi gli elementi visivi che riusciamo a percepire istantaneamente. È la cornice naturale dell'immagine, il vuoto che circonda una manifestazione incompleta di realtà fisica, a consentirci di integrare un'entità momentanea e a promuovere la continuità fluida di una visione chiara nel tempo. Ciò si verifica perché la mentalità umana, che appartiene alla natura incompleta, è fatta per l'esperienza dell'esistenza incompleta.

A questo punto occorre dire che gli oggetti visivi non sono statici come potremmo superficialmente pensare ma dotati di vita. E lo sono perché le loro esistenze sono interconnesse e si influenzano reciprocamente e in modo complementare; perché sono soggetti a una trasformazione data dalla trasfusione tra luce e oscurità, e perché sono oggetti di esperienza da parte della vita.

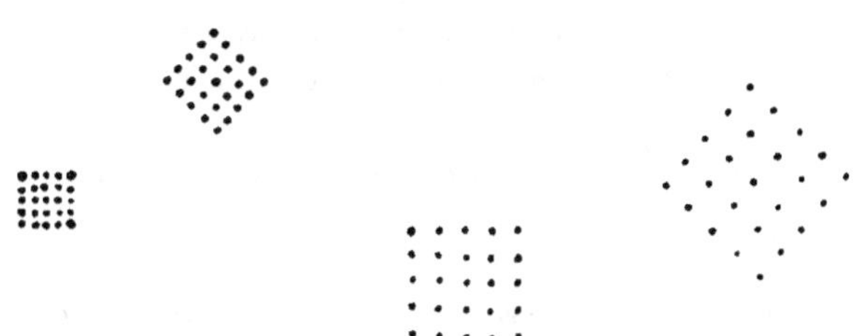

È difficile dire quanto la qualità di superficie contribuisca alla visibilità di un oggetto perché le dimensioni e la distanza sono i fattori più ovvi della visibilità. In senso generale, è, tuttavia, accettabile dire che sia la qualità di superficie che le dimensioni svolgono un ruolo e che concorrono in modo complementare a creare un'immagine complessiva da una certa distanza. Quando la qualità di superficie emerge in virtù del contrasto con la luminosità di un oggetto o di oggetti posti in prossimità, le dimensioni apparenti possono risultare ridotte. Per mantenere lo stesso livello di visibilità quando la qualità di superficie ha meno risalto, occorre aumentare le dimensioni apparenti. Questi elementi collaborano alla funzione di manifestazione visiva che richiede a uno di essi di essere passivo. Nella composizione architettonica in particolare, è in genere la forma ad assumere un ruolo preminente, mentre la qualità di superficie è complementare.

La natura sceglie mezzi minimi per ottenere il massimo risultato. In quanto funzione naturale, il nostro piccolo occhio è strutturato per una visione distorta di grande ampiezza. Per questo, ciò che vediamo immediatamente non è principalmente ciò che esiste davvero nello spazio ma il riflesso sulla retina degli oggetti le cui dimensioni apparenti si riducono orizzontalmente e verticalmente man mano che la distanza aumenta. Al di là del potere di compensazione dato dalla sovrapposizione binoculare, questa distorsione implicita ha un deficit implicito che non è ancora stato superato.

Il movimento nello spazio e l'esperienza passata ci aiutano a capire che un oggetto di dimensioni normali è in realtà più grande di quanto appaia nella nostra percezione immediata da un certo punto di vista. Nel tempo, facendo una proporzione rispetto al corpo umano e a elementi convenzionali come una porta, si stabilisce gradualmente la concezione oggettiva di una cornice rettangolare. Benché lo spazio fisico abbia in realtà una costruzione geodetica, noi concepiamo lo spazio architettonico essenzialmente sulla base di questa idea di rettangolarità. Questa concezione è così dominante che il riferimento prospettico fornito dall'indicazione piana tratta da un numero limitato di punti di vista può darci una sensazione realistica, anche se temporanea, dello spazio tridimensionale.

Sarebbe, tuttavia, semplicistico interpretare la percezione e la concezione come processi separati. Sarebbe altresì errato enfatizzare un aspetto a spese dell'altro. Secondo il pensiero di Lao Tzu, esse devono essere organicamente collegate. In questo caso, la finalità positiva auspicata è la formazione rettangolare dei punti di riferimento di oggetti che esistono nello spazio fisico. La percezione immediata ricevuta a una certa distanza è qualcosa di incompleto e dotato di un contenuto intangibile.

> *Grande significa partire;*
> *Partire significa andare lontano;*
> *Andare lontano significa ritornare.*
> (Cap. 25)

Nel pensiero di Lao Tzu, acquisizione e perdita sono sempre in equilibrio.

Ciò che svanisce nello spazio implica un aumento della distanza. Viceversa, ciò che assume dimensioni più ridotte può diventare potenzialmente grande.

Di conseguenza, se tracciamo il processo di trasformazione dalla percezione alla concezione della sezione di una forma, ad esempio un piano rettangolare, la forma risultante diventerà approssimativamente una "prospettiva negativa", cioè intangibile. Il potenziale che un oggetto ha di diventare grande, poi, è proporzionale a quanto è distante da noi. Più lontano è, maggiore è il suo potenziale di crescere.

L'esperienza dello spazio fisico non dipende né dalla percezione, né dalla concezione ma dall'interazione tra le due. Questo processo di crescita dalla mancanza alla compensazione porta movimento implicito alla forma fisica.

Questo contenuto intangibile della dimensione non si manifesta. Quando la mente tende a interpretare le dimensioni come decrescenti nella distanza, un oggetto di forma parallela con influenza prospettica limitata le appare come tendente a crescere verso l'esterno piuttosto che a essere ridimensionato nello spazio come apparirebbe nella proiezione meccanica. Questo effetto è particolarmente ovvio nella nostra esperienza a distanza ravvicinata di una forma verticale. In questo caso, l'effetto di diminuzione nella percezione immediata dovuto alla distanza ravvicinata nella direzione orizzontale è fortemente sovra-compensato dall'interpretazione mentale derivata sulla base della lunga distanza nella direzione verticale. Naturalmente, l'interno di una cattedrale o l'esterno di un grattacielo saranno interpretati come prepotentemente proiettati verso l'alto.

La visione da un punto di vista statico coglie le dimensioni e la distanza. La visione in movimento coglie anche la velocità e il tempo. Visto che gli oggetti visivi necessariamente limitati sono statici in rapporto alla terra, la loro passività consente all'uomo di cogliere le visioni infinitamente moltiplicate dal cambiamento di direzione e dal cambiamento di sequenza.

Ogni esistenza occupa il tempo ma nessuna esistenza persiste nel tempo. Quando aumenta la velocità di movimento, la mente si trova a essere occupata dagli oggetti precedenti e non riesce ad accettare una nuova immagine indipendente. Coglierà dunque una composizione semplice e non complessa. D'altro canto, una composizione, non importa quanto complessa, non esisterà sempre chiaramente nella mente nella sua complessità se ne faremo esperienza con lentezza. Quando vediamo a un ritmo rallentato, ci liberiamo naturalmente dell'immagine residua o anche della memoria delle visioni precedenti e siamo pronti a ricevere nuove immagini.

Quando il tempo agisce da contenitore di impressioni visive, la semplicità si arricchisce nella visione ad alta velocità, mentre la complessità si riduce nella visione a un ritmo rallentato. Da un punto di vista umanitario, la complessità in un tunnel sotterraneo è indesiderabile quanto la semplicità in una prigione.

Principalmente a causa di questo limite della nostra capacità mentale, gli oggetti visivi che esistono nello spazio sono destinati a un certo punto a diventare per noi non esistenti non appena la monotonia di un oggetto ci induce stanchezza. Lo spostamento del nostro interesse visivo è superficialmente determinato dall'attrazione verso un nuovo oggetto ma in realtà è la stanchezza, cioè un fattore negativo, a indurlo positivamente.

Ma gli oggetti visivi di tipo tangibile sono solo attraenti e non sempre capaci di dirigere l'occhio stanco perché la sequenza con la quale li vediamo è alquanto arbitraria. Potremo essere attratti da alcuni oggetti visivi tra molti ma saremo naturalmente portati a guardare attraverso o verso un campo vuoto ed evanescente. La nostra riluttanza a vedere un oggetto monotono non farà che allontanare la nostra visione da esso senza particolare direzionalità, mentre un corpo solido vuoto può sempre decisamente respingere la nostra visione a un angolo quasi prevedibile. A parità di condizioni, è l'offerta deliberata di vuoto a dirigere in modo prevedibile il nostro processo visivo.

Lo stesso effetto direzionale si produce anche quando un oggetto noto o atteso è parzialmente o totalmente nascosto da una parete vuota così da indurre la nostra attenzione ad attraversarla. Nel vuoto e al di là del vuoto vi è una non soddisfazione dell'aspettativa o della curiosità che suggerisce una direzione definita. La natura stessa opera in base all'espansione dal non-essere all'essere. Per quanto lo si consideri non reale, il vuoto ha la funzione di ricordare la direzione.

La nostra esperienza della luce e del colore determina la visibilità primaria degli oggetti visivi. La nostra esperienza di dimensioni, distanza, velocità e tempo determina invece la scala visiva e il metro temporale di una composizione nell'attualità della quale chi guarda si muoverà e vedrà lungo determinate direzioni indotte principalmente dal vuoto effettivo e in subordine dalla stanchezza. Questi sono i potenziali espliciti che un architetto può utilizzare o le condizioni implicite che deve considerare quando compone.

Ma il significato pieno dell'esistenza supera il potere di qualunque manifestazione. Ciò che appare tangibile, sia in architettura che in natura, è meramente un mezzo per suggerire ciò che manca nell'immagine ed esiste nell'intangibilità della comprensione e dell'emozione estetica umana.

Una grande realizzazione sembra carente,
ma il suo uso non si esaurisce.
Una grande pienezza sembra vuota,
ma il suo uso non ha fine.
(Cap. 45)

Al di là delle considerazioni funzionali, economiche e sociali, le condizioni naturali affrontate nelle pagine precedenti limitano la libertà dell'architetto a un'area d'azione precisa. La direzione e l'intensità delle fonti luminose limiteranno la scelta a livello di forma e qualità superficiale; la distanza percettiva controllerà la scala visiva della composizione e il ritmo di vita degli utenti stabilirà preventivamente il metro temporale o il grado di elaborazione.

Un architetto non ha lo stesso controllo temporale di cui gode un compositore musicale. In molti casi deve considerare la velocità di movimento, più o meno elevata, in termini sia attivi che passivi. E, dal momento che la distanza visiva da un oggetto architettonico può variare, non ha nemmeno la stessa libertà di cui gode un pittore. In nessun caso è in grado di prevedere se l'illuminazione sarà stabile a livello di intensità, direzione e durata.

A fronte di tante variabili, l'unica cosa che un architetto può fare all'inizio di una composizione è presumere le condizioni più probabili, non possibili, a livello di luminosità, distanze percettive, punti di vista, velocità, e alcuni dei percorsi scelti dagli utenti per scopi funzionali.

Gli elementi visivi in una composizione architettonica comprendono tutto ciò che può rientrare nel campo visivo di chi osserva. Individualmente, alcuni elementi architettonici come il motivo applicato a una parete sono di tipo pittorico; altri, come una fontana, possono essere di tipo scultoreo. D'altro canto, la pittura e la scultura possono assumere caratteri architettonici laddove contribuiscono in modo desiderabile e coerente alla definizione di uno spazio. Architettonici o meno che siano, gli

30

elementi visivi assumono caratteri architettonici solo quando i loro significati tangibili arretrano per far sì che essi diventino parte di un tutto armonioso. A livello relazionale, però, ogni oggetto si integra in genere con gruppi di altri oggetti che possono formare in modo variabile molteplici composizioni parziali. Gli aspetti da considerare sono innumerevoli. L'analisi a livello di nomi tangibili richiederebbe una dissertazione infinita.

Per semplificare il nostro studio, abbiamo astratto gli elementi visivi malgrado la complessità della loro composizione. Principalmente a seconda della durata visiva a distanze percettive simili e in secondo luogo in ragione dell'aumento della distanza percettiva, gli elementi visivi presenti in una composizione sono classificati secondo i livelli seguenti: linea, forma piana, massa singola, masse composte, ambiente (ambito) e continuità concettuale.

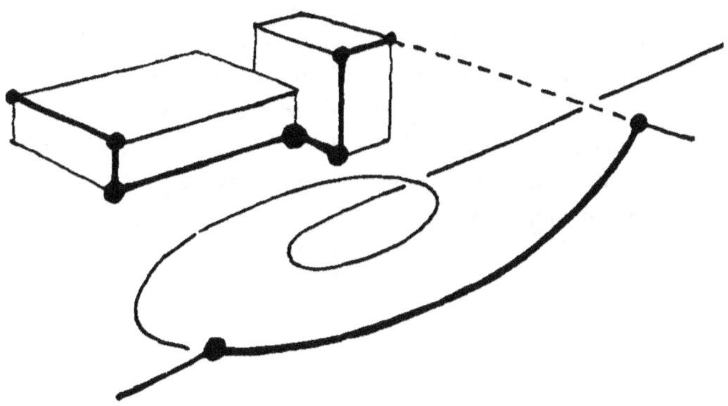

La sequenza temporale composta da un architetto è per un verso oggettiva e in quanto tale non potrà mai conformarsi al movimento soggettivo di chi guarda. Per fortuna l'essere umano riesce a esperire ciò che vede concettualmente. Le visioni sporadiche e frammentarie sono interpretate e organizzate soggettivamente, anche se sempre riferite alla realtà oggettiva per conferma. L'esperienza, soggettiva o oggettiva, non è mai indipendente e completa di per sé.

Secondo i livelli organizzativi prima citati, le parti si integrano nella mente di chi osserva in modo da diventare un tutto, così come una serie di entità complessive minori diventerà un tutto più grande. Ogni volta che si passa a un livello organizzativo maggiore, per seguire una sequenza o per ampliare il campo visivo, il contenuto di un'unità si arricchisce della varietà delle unità più piccole e della fusione delle molte qualità superficiali che esse comportano.

Tutte queste unità sono visibili in un'immagine unica ma l'ambiente è qualcosa di più di tutto questo. L'esistenza di tale stato si traduce per noi nell'esperienza di sentirci circondati. In ogni modo, è questo il livello al quale l'espressione dell'architettura raggiunge la maturità. Luce, colore, linea, forma, forma solida ed equilibrio di forme solide saranno percepiti in modo composito come contenuti interrelati di una composizione unica. A una scala più ampia, questa esperienza di varietà composita raggiunge lo sviluppo più compiuto quando i ricordi successivi dell'individuo in diversi ambienti si compongono mentalmente in un tutto sinfonico. Per usare un'analogia musicale, il timbro di questo tutto è rappresentato dal colore e dalla texture, la sua tonalità è rappresentata dalle dimensioni e la sua sonorità è rappresentata dal contrasto di luminosità. La sua formazione è invece materialmente governata dal contesto naturale e dalle esigenze umane.

La grande immagine è senza forma.
(Cap. 41)

Nell'osservazione sia microscopica che telescopica, la parte di natura che cresce e vive è percepita visivamente come una composizione di elementi infiniti irregolarmente ma flessibilmente integrati dal nulla. La loro formazione muta periodicamente con il passare del tempo e quando cambiamo punto di vista. Quanto ci appare a occhio nudo, quindi, non è la cosa reale ma il tutto in qualche modo già integrato. Ma nemmeno l'idealismo ha un essere reale; punto, linea, piano e volume ci sono intelligibili se indirettamente definiti da altre entità presumibilmente esistenti nel vuoto. Ciò che esiste nello spazio fisico non potrebbe esistere nemmeno temporaneamente senza la nostra interpretazione concettuale e ciò che esiste nella nostra mente non avrebbe alcun significato senza il riferimento alla formazione fisica.

Quando si rapporta agli oggetti fisici, l'architetto concepisce ciò che è intangibile attraverso la forma tangibile. Ai suoi occhi, un punto equivale a una superficie minima ma percepibile come la testa di un chiodo, una linea equivale semplicemente a un'inferenza lineare come un giunto, effettivamente dotato di spessore. Allo stesso modo, forma, volume, ecc. sono entità fisiche definite da superfici minime e da linee inferite.

A livello di concezione o di percezione, la conoscenza della realtà implica una presa di coscienza della trasformazione reciproca e dell'inevitabile non corrispondenza tra ciò che è esistente e ciò che è non-esistente.

L'idea di formazione in Lao Tzu è fortemente influenzata dal vuoto o dalla non-esistenza. Per chi ritiene che nulla sia persistente, ciò che è essenzialmente importante nelle cose è la loro possibilità di divenire qualcosa, non quella di rimanere immutate di fronte al deterioramento. Di conseguenza, lo stato più desiderabile dell'essere tangibile è l'incompletezza significativa.

Se per un verso la congettura può offuscare la comprensione, un atteggiamento attivo ma imparziale potrà condurci a vedere le cose con maggiore autenticità. Un confronto cosciente rivelerà che un cerchio completo è interpretabile come ellittico se distorto nella percezione. D'altro canto, il nostro desiderio di compiere lo sforzo minore possibile nella percezione della forma più semplice ci porterà probabilmente a interpretare comunque una sezione di quello stesso cerchio come "sezione di un cerchio". A parità di condizioni, sembra che una forma composta da sezioni disconnesse, rettilinee o curvilinee, sia in grado di comunicare meglio la propria essenza reale.

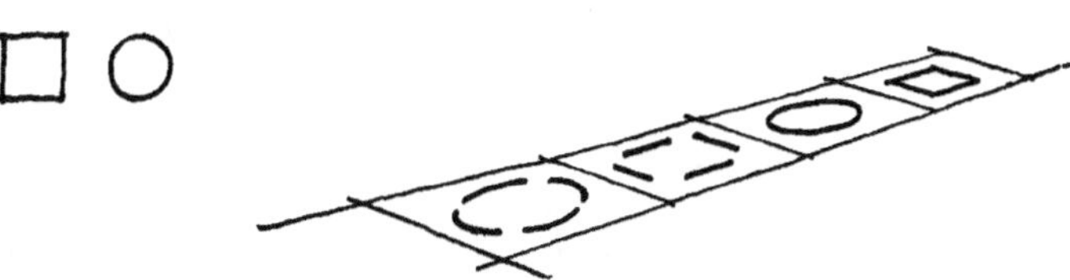

Il punto fondamentale è che una forma frammentaria possiede un potenziale di crescita che può farla diventare un'entità completa nella nostra mente. Una forma completa, invece, appare statica, rigida e scarsamente nitida perché non consente spazio ulteriore all'espansione mentale.

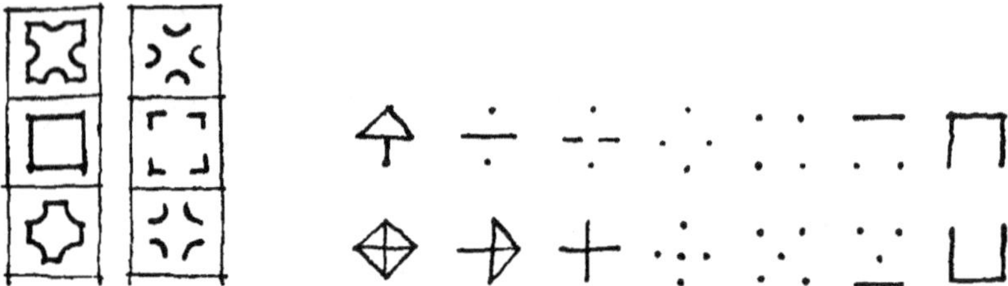

Essendo formata da contenuto intangibile, una forma incompleta o frammentaria mantiene la possibilità di adattarsi in modo flessibile a forme contigue di pari livello organizzativo oppure di integrarsi con esse fino a diventare un'unità sviluppata di scala maggiore senza compromettere la continuità del loro sfondo. Per cogliere la realtà dell'armonia e della crescita, basta guardare il cielo di notte e osservare le stelle, che non manifestano la loro interrelazione, per verificare a quante forme artificiali siano associabili quei punti fluttuanti.

Tutto è relativo, dunque nemmeno l'essenza del vuoto è definita: essa suggerisce semplicemente qualcosa di vuoto, di meno manifestato o semplicemente meno capace di distrarre. Lo spazio vitale diventa nullo e vuoto solo se diamo per scontata l'esistenza dell'aria e la riteniamo meno meritevole di considerazione. In modo relativo ma coerente, il vuoto potrebbe essere definito ciò che non è occupato da nulla e il pieno ciò che è circondato dal nulla. In termini funzionali, il vuoto senza pieno implicherebbe il ritorno a un caos nebuloso.

Visivamente, il pieno senza il vuoto implicherebbe l'impossibilità della forma visibile. Nessuno dei due può esistere se non in coesistenza con l'altro.

Ma la natura è sempre gelosa della perfezione. È proprio quando la luna ci appare nella forma più completa che questa inesorabilmente va a diminuire nella fase calante, per poi apparire parzialmente nascosta e quindi rivelare la propria momentanea perfezione ad altri altrove. Come la luna, che si muove in relazione alla terra e al sole, anche la forma architettonica è percepita passivamente come mobile quando chi la guarda si muove intorno a essa. Da diversi punti di vista, chi guarda può sinteticamente percepire l'estensione completa di una forma geometrica come ad esempio un emisfero. Ma, in quanto forma architettonica, un emisfero è in genere disegnato principalmente per essere visto dal terreno. E da un certo punto di vista sul terreno, esso ci appare appiattito. La sua percezione completa implica quindi una svalutazione della sua completezza. Solo l'esperienza da più punti di vista può sopperire a questa deviazione visiva.

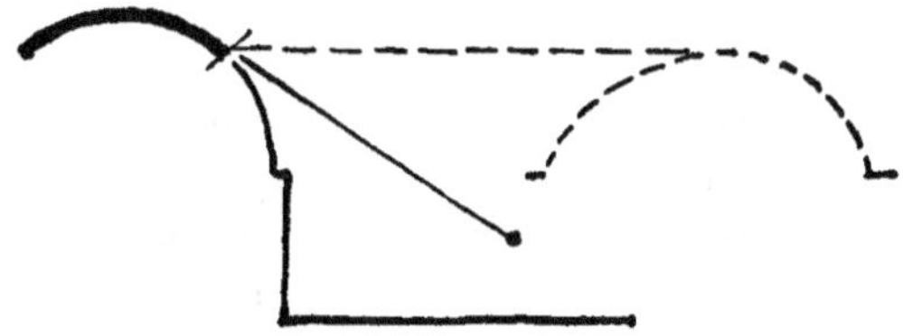

Ma un architetto non può sempre contare sul fatto che chi guarda lo possa fare da più punti di vista. Spesso deve, quindi, presumere che sia necessario rivelare una forma architettonica a chi potrà vederla da un'angolazione particolare. Ciò è possibile solo quando la forma è incompleta, penetrabile e vista come interrelata dall'interno all'esterno.

Perché principalmente create per soddisfare esigenze funzionali, le forme architettoniche evolvono per assimilazione di unità più piccole che, come mattoni, assumono una forma elaborata o una funzione diretta solo se connesse tra loro. Queste unità uniformi e apparentemente insignificanti hanno, tuttavia, la virtù della passività che facilita il processo di integrazione fisica. Quando si richiede la presenza combinata di corpi solidi per funzioni specifiche, si pone il problema di come integrare tali corpi solidi di forme diverse.

Fortunatamente, mentre le forme solide possono non risultare compatibili tra loro, è sempre possibile utilizzare le variazioni infinite della conformità insite nel vuoto come tramite per realizzare quella connessione anche senza, o con un minimo, contatto fisico. Sembra, quindi, che la tecnica fondamentale della composizione architettonica sia estremamente semplice.

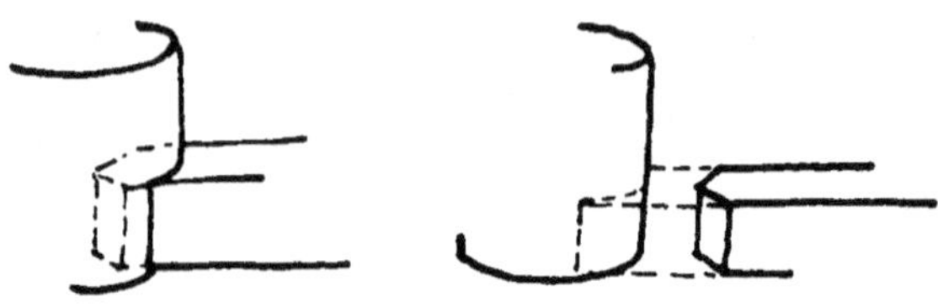

Se l'uomo non dovesse proteggersi dagli elementi, l'architettura potrebbe occuparsi esclusivamente di arredamento, cioè l'assemblaggio di corpi solidi di dimensioni medie separati da spazi vuoti. Purtroppo, ma per fortuna, la natura non ci concede mai tutto ciò di cui abbiamo bisogno. Al contrario, prevede una clausola di insufficienza che obbliga l'arte dell'architettura a emergere e a svilupparsi come forma di contenimento dello spazio.

Il contenimento dello spazio è un mezzo, non un fine. Utilizzato in modo eccessivo, porterebbe a una stagnazione dello spazio e all'isolamento dell'essere umano dagli attributi stimolanti della natura. La sua formazione, come la precipitazione topografica, prevede che i corpi solidi o gli elementi statici siano collocati laddove è meno necessario il vuoto richiesto dal movimento fluido.

Il vuoto, come la stessa vita spirituale, non è visibile o udibile. Per tornare al tema dell'intangibilità, sembra che l'uomo, seppure temporaneamente costretto a ripararsi fisicamente, sia altrettanto costretto a non negare lo sviluppo obbligato della vita, che è il decadimento fisico. Per questa ragione, non deve temere di accettare il fatto che il suo stato di esistenza, iniziale e finale, esiste nel vuoto e non nel pieno. Potremmo dire che l'enfasi sul pieno non è in armonia con il riconoscimento dell'essere spirituale. Non solo, come l'essenza spirituale della vita umana, il vuoto è qualcosa di non solo reale ma anche infinito. Ad esempio, se due sedie sono separate da dieci centimetri, questo implica che il vuoto sia aumentato di dieci centimetri. Significa qualcosa di più: per gli occupanti delle due sedie, implica un aumento complessivo di venti centimetri dai rispettivi punti di vista.

Il pieno è di per sé restrittivo e soffocante ma il vuoto è infinitamente interpenetrabile e potenzialmente capace di diventare molto di più della sua quantità superficiale. Nessuno può stimare la durata della vita spirituale. Così come nessuno può stimare l'utilità espressa da un vuoto comune nel tempo attraverso l'esperienza di milioni di occhi umani.

Un architetto che desideri di comporre al di là della funzione fisica troverà una ragione estetica precisa nella riduzione del pieno o nella conservazione del vuoto. Essendo vuoto di per sé, il vuoto può assumere forme diverse in quanto dipendente dal pieno. Per usare l'analogia della composizione musicale, il pieno svolge il ruolo dei toni alti che cristallizzano la melodia architettonica, mentre l'apparente vacuità del vuoto assume implicitamente e coerentemente il ruolo dell'accompagnamento armonico perché ha forma tangibile propria.

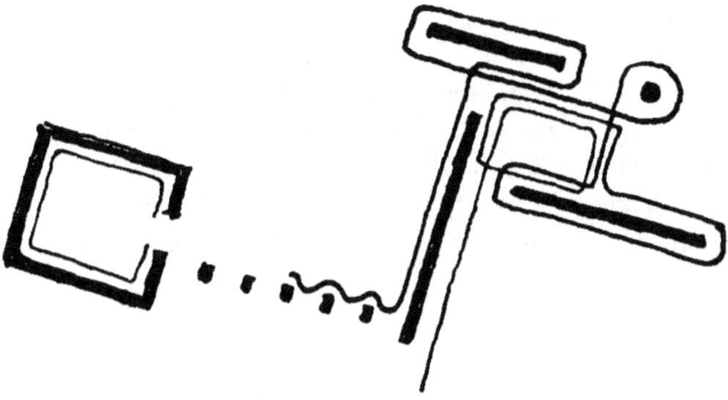

Sapendo che la massa è per il vuoto e non viceversa, è evidente che ridurre la compattezza della massa equivale ad arricchire la potenziale varietà del vuoto. Mentre un semplice confinamento può esprimere una sola nota, uno spazio definito in modo frammentario può risultare "intessuto" da molte note armoniose nel percorso della vista umana.

Lungo e corto si definiscono a vicenda;
alto e basso pendono l'uno verso l'altro.
(Cap. 2)

Per Lao Tzu L'idea della relazione tra le cose investe il loro modo di svilupparsi e modificarsi reciprocamente. Ciò si manifesta nella qualità superficiale, o nel contrasto luminoso che, come detto prima, non ha una qualità definita di per sé. Diventa una certa cosa in un certo momento solo perché appare in contrasto con un'altra cosa immediatamente coesistente o associata nell'esperienza.

Come avviene per la compensazione tra i piatti di una bilancia, le cose sono comparabili a coppie e ogni aspetto specifico di una cosa risulta intelligibile solo misurando la variazione tra due estremi. Per essere precisi, il fenomeno del contrasto nella forma spaziale va definito come differenza sensoriale di due cose tra due opposti ovvi.

Quando questa differenza risulta percepibile a prima vista, la proporzione naturale simile alla proporzione delle altezze medie di maschio e femmina conferisce vitalità a una composizione. Ma in qualunque composizione di forme architettoniche, è l'esistenza di una scala familiare comparabile alle dimensioni fisiche di un uomo, al suo passo e allo spostamento binoculare formato dalle linee visive degli occhi a rendere convincente la dimensione fisica di un oggetto. Evidentemente, la proporzione rigida, cioè definita in assenza di relazione comparativa con la scala umana, non potrà che produrre un'interpretazione errata.

È difficile stabilire come avviene il confronto dimensionale con le forme architettoniche perché lunghezza, superficie e volume entrano nella nostra esperienza in modo quasi simultaneo. Possiamo, però, presumere che le dimensioni siano percepite come un profilo tridimensionale lungo il quale la vitalità visiva è promossa dall'effetto della prospettiva negativa. Quando la vista si muove in senso orizzontale, appare più evidente la variazione in altezza. Quando si muove in senso verticale, sarà più evidente la variazione in ampiezza. In entrambi i casi, la profondità sembra intensificare la vitalità della visione facendo vibrare le focalizzazioni lungo la terza dimensione, nella quale, in genere, la sovrapposizione conferisce una qualità duplice a una composizione.

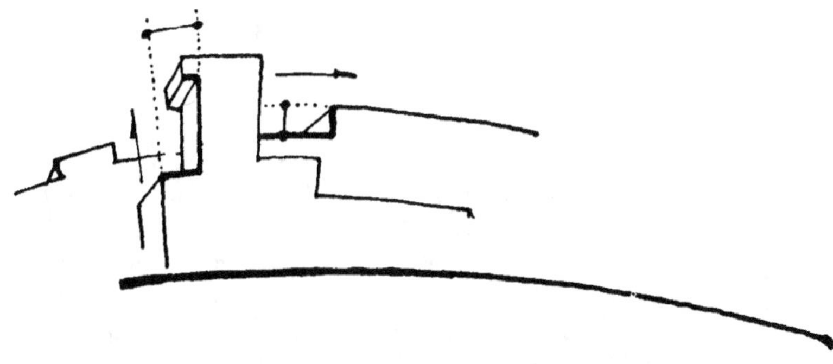

Ma, così come avviene per il valore cromatico, le dimensioni sono solo l'attributo primario della forma architettonica. Come la tonalità nel caso del colore, l'attributo secondario della forma architettonica è determinato dalla forma.

Dal momento che nessun elemento singolo ha un'essenza definita a meno di essere manifestato da un altro elemento dotato di caratteristiche ovviamente opposte, una forma curva acquista significato dal contrasto con la linearità. A partire da questa premessa, sarà possibile determinare in termini generali l'esistenza di almeno tre polarità concepibili della forma: orizzontalità e verticalità, perpendicolarità e obliquità; e curvilinearità e rettilinearità. Semplici o composte, minuscole o colossali, le forme architettoniche sono percepite come combinazioni molteplici di questi elementi che potremmo definire come le tonalità della forma.

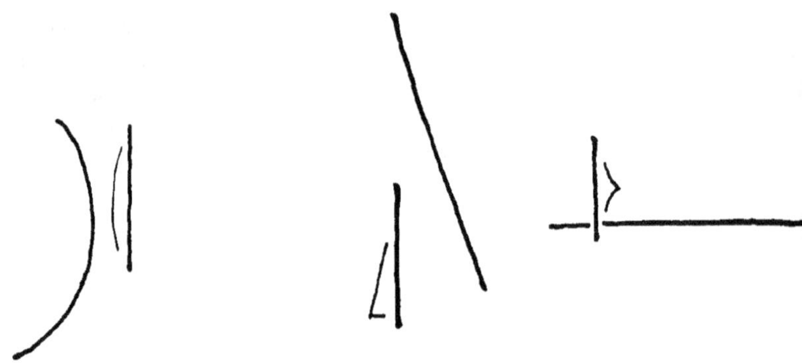

La ragione più vitale per la quale queste tre polarità possono essere considerate fondamentali è che le componenti di ciascuna possono influenzarsi reciprocamente. Due linee rette parallele vicine appariranno deformate e curve se racchiuse da due curve. Allo stesso modo, se due linee sono in relazione immediata con una terza linea obliqua, quella in posizione perpendicolare tenderà a inclinarsi in una compensazione reciproca. Lo stesso accade, seppure in grado minore, a un lungo elemento orizzontale che porta un elemento verticale a inclinarsi in modo tale da compensare l'azione di avvicinamento di quello orizzontale. Così come avviene nell'interazione tra tonalità cromatiche contrastanti, le forme opposte di ogni coppia sono potenzialmente in grado di trasformarsi reciprocamente secondo un effetto complementare.

Il ritmo naturale tra sforzo e sollievo è ciò che porta la nostra vista a passare da una forma tangibile a un'altra in contrasto con quella esistente in prossimità offrendoci chiarezza di percezione, attrazione di interesse, e stimolo al movimento. Tutti questi effetti di ristoro sono, tuttavia, più efficaci quando si determina un vuoto di transizione tra forme opposte. Inoltre, la vitalità mentale promossa dal contrasto sembra invariabilmente esplodere per poi evaporare nel vuoto. Più marcato è il contrasto, maggiore è il volume di vuoto richiesto per ricevere questa esplosione.

Ma l'interesse e il movimento suscitati e creati dal contrasto nel vuoto richiedono l'esistenza concomitante o continua di due forme; la loro qualità vitale non è auto-soddisfatta nell'immediatezza.

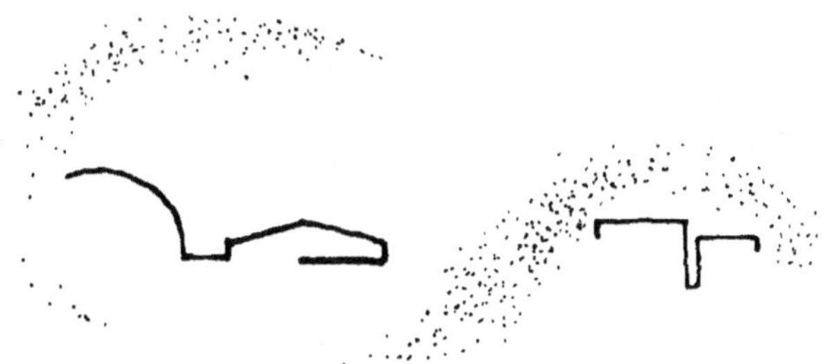

Quando vediamo una forma lungo una linea tangibile, ricerchiamo riferimenti immediati lungo questa linea. Quando la nostra vista si sposta nel vuoto, salta da un punto definito all'altro. Dunque, proprio perché i nostri occhi provano maggiore sollievo nel vuoto, la nostra vista tende a spostarsi da punto a punto nel vuoto piuttosto che lungo una linea tangibile. Per questa ragione, il potere del negativismo può essere nuovamente utilizzato per conseguire maggiore ricchezza senza complicazioni superflue.

Ciò che è cavo viene riempito.
(Cap. 22)

Questa citazione ci fa riflettere sul fatto che una forma architettonica comprendente una curva concava ci mostra anche una linea retta intangibile che unisce le due estremità della curva. Riscontriamo inoltre che intorno a una forma poligonale si sviluppa una curva intangibile da un apice all'altro che inevitabilmente implica una forma cilindrica. La natura manifesta questi fenomeni per ragioni evidenti: nel primo caso, una curva concava offre una resistenza passiva al carico del vento;

nel secondo caso, la facilità di realizzazione della costruzione rettilinea è normalmente tale da annullare l'opzione rappresentata dall'ottenimento di uno spazio massimo nel perimetro minimo attraverso una forma cilindrica perfetta.

Lo stesso effetto complementare emergerà dallo studio della relazione tra obliquità e perpendicolarità. Un muro con scarpa in rientranza produrrà automaticamente una linea intangibile perpendicolare a un certo punto di riferimento alla quota piana del terreno. Un tetto a sbalzo perpendicolare alla superficie di un muro, per ragioni sanitarie e di illuminazione, suggerisce una linea obliqua tra la grondaia e la base del muro.

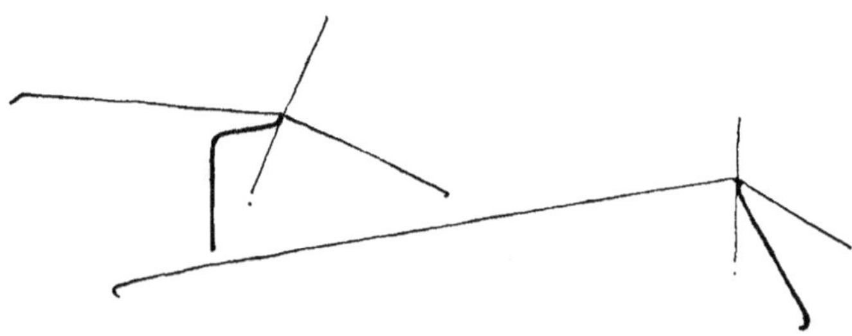

Ancora più ovvia rispetto alle due polarità sopra citate è la relazione complementare tra orizzontalità e verticalità. Quando una forma verticale è costituita da una struttura leggera dotata di un certo numero di aggetti ripetutamente sovrapposti, i nostri occhi sono particolarmente indotti a spostarsi in senso verticale piuttosto che orizzontale. Viceversa, la ripetizione di una verticalità ovvia porterà a indurre l'orizzontalità.

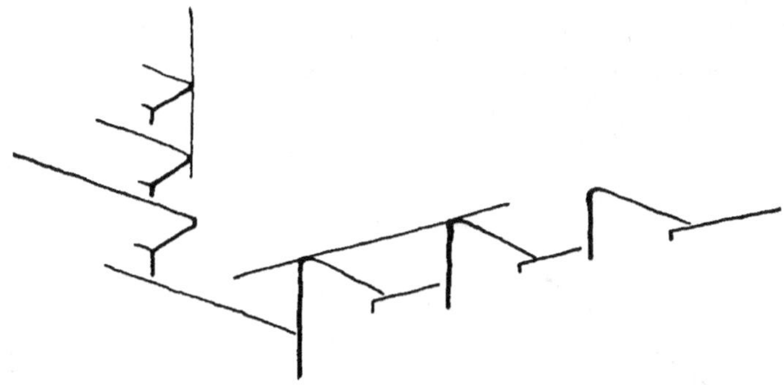

La funzione del complemento intangibile sembra proporre l'opposto di una forma tangibile. Se le corde di un solido poligonale sono concave verso l'interno e curvilinee, guardandolo avremo la percezione immediata di una serie di corte linee rette in una formazione poligonale. Un'ulteriore elaborazione mentale porterà questi segmenti intangibili a svilupparsi di nuovo in una forma cilindrica. Così come avviene quando ci troviamo in presenza del colore, nella nostra esperienza di qualunque forma dotata di un opposto concepibile si verifica un negativismo dato dalle reazioni successive.

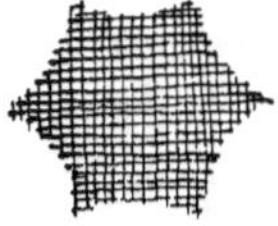

Attraverso la concavità in rapporto alla nostra posizione nello spazio, una forma non solo acquisisce ricchezza complementare per sé ma crea anche armonia tra la propria forma intangibile e la forma tangibile ma simile in un'altra forma. La funzione dell'armonia data da questo complemento intangibile è più animata e vivida dell'armonia data da una somiglianza tangibile. Basta appendere una serie di campanelle tra due elementi orizzontali in prossimità di un elemento verticale per verificare la notevole riduzione della qualità animata dell'armonia tra verticalità tangibile e verticalità intangibile creata dall'orizzontalità.

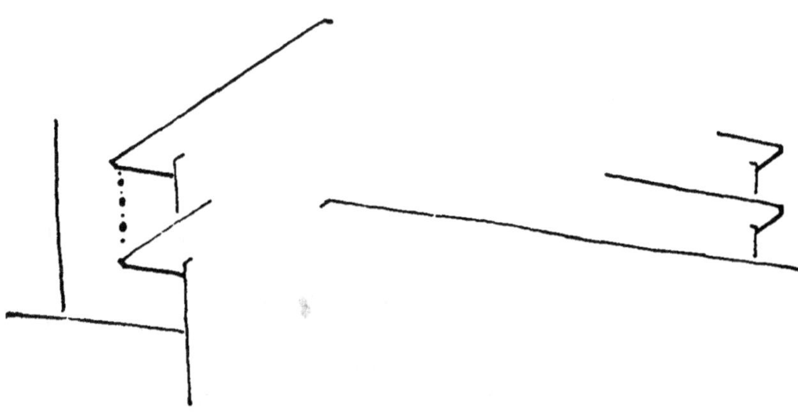

Dal momento che ogni aspetto della realtà è unicamente ciò che riteniamo che sia, conviene non limitarsi alla sfera dei mezzi tangibili presumendo che la concavità debba essere creata da un'unica linea tangibile. Semplice o composta, la concavità può essere di qualunque natura perché ciò che conta in una composizione è la forma intangibile creata dalla relazione di punti, non la forma tangibile usata per definire gli stessi.

Se teniamo a mente questo assunto e riuniamo le tre polarità fondamentali finora a noi intelligibili in un "cerchio relazionale ", ogni polarità avrà una propria "area complementare" posta tra il perimetro e il centro del "cerchio relazionale". Vicino al centro del "cerchio relazionale" dove gli opposti hanno manifestazioni uguali e combinate, le forme singole saranno cancellate dagli opposti che si troveranno neutralizzati diventando omogenei. Probabilmente, come le sfumature intermedie di colore, le forme intermedie lungo il perimetro del "cerchio relazionale" saranno la miscela tangibile di due forme fortemente simili.

Se al "cerchio relazionale" aggiungiamo le dimensioni, ovvero

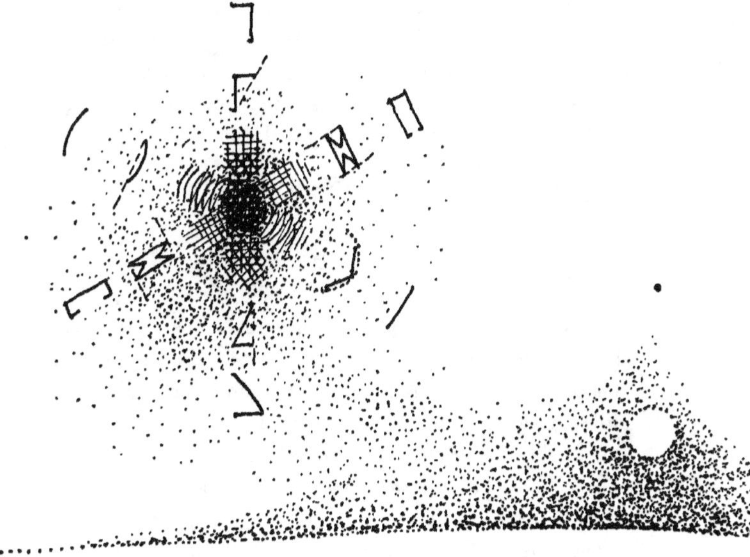

l'attributo fondamentale della forma, questo diventerà un "cono di attributi formali", vale a dire un'entità simile al cono cromatico. Questi due fenomeni sono accomunati da un'ovvia analogia: così come le sfumature diminuiscono e diventano meno manifeste quando il valore cromatico aumenta o diminuisce, anche le forme perdono la loro identità con l'aumentare o diminuire delle dimensioni apparenti.

In quanto strumenti a disposizione dell'architetto, le dimensioni sono il "valore" della forma, la sagoma è la sua "sfumatura" e il grado di concavità è il suo "Croma". La convessità equivale alla saturazione piena del colore e quindi è non permanente. L'omogeneità di forme mescolate equivale al grigio nel colore e può essere utilizzata come sfondo vuoto.

Come il grigio nel colore, la concavità determina forme complementari e quindi facilita la transizione tra corpi solidi di forma contrastante. Determina anche una connessione tra la forma del solido e quella del vuoto armoniosamente racchiusa da esso.

La frammentarietà e la concavità, responsabili di due funzioni importanti nella composizione architettonica, offrono rispettivamente variabilità e complemento capaci di arricchire la forma. Ciò che occorre sapere è che qualunque tipo di arricchimento, se utilizzato per evidenziare un elemento dominante, va mantenuto implicito e non affermato.

> *Ciò che si esaurisce viene rinnovato.*
> (Cap. 22)

Il senso di questa affermazione appare chiaro se si pensa che qualunque elemento perde valore se disponibile in abbondanza. Se poniamo a confronto una città affollata e un corpo solido alto e sottile circondato da una vasta distesa verde vedremo che lo spazio assume valore nel primo caso, mentre l'enfasi si sposta sul corpo solido nel secondo. Allo stesso modo, all'interno di una facciata riccamente decorata risalterà in particolare una porta dalle linee semplici, mentre in una facciata priva di decorazione assumerà valore una porta decorata come un gioiello prezioso.

 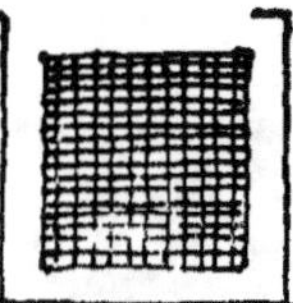

Come architetti dobbiamo ricordare che in un foglio bianco coperto da una grande area nera sarà il bordo privo di segni ad assumere maggiore visibilità.

Chi sta in punta di piedi non è stabile,
chi cammina a grandi passi non va lontano,
chi si mette in mostra non splende,
chi è assertivo non spicca,
chi si vanta non viene riconosciuto,
chi è orgoglioso non dura.
Queste cose nel Tao sono dette
"Eccesso di cibo e azione superflua"-
Fra gli esseri alcuni le detestano.
Perciò chi ha il Tao non vi si sofferma.

La composizione architettonica richiede in primo luogo una felice combinazione di somiglianza e differenza. La prima facilita la comprensione e, in virtù dell'uniformità degli elementi costruttivi, rappresenta un risultato facilmente conseguibile da un architetto. La seconda crea mutazione e interesse ma è normalmente più ardua da realizzare per l'architetto a causa di limiti funzionali e materiali. In genere, la mutazione o l'interesse nella composizione architettonica deriva perlopiù dal ritmo determinato dal passaggio intermittente da forme uniformi a spazi vuoti. Talvolta, quando un edificio è indipendente e ha una forma estremamente semplice, è quest'ultima a sviluppare l'attrazione data da un contrasto diretto con un vuoto circostante commisurato alla vitalità creata dalla sua stessa capacità attrattiva.

Se, invece, si richiede un effetto estetico particolare, non mancano mezzi ulteriori per arricchire una forma architettonica. Oltre alle compensazioni reciproche tra attributi naturali, l'architetto ha a disposizione il contrasto di dimensioni e forma e il complemento dato dalla concavità. Sono tutti mezzi atti a realizzare la ricchezza visiva prevista dal principio generale delle parti frammentarie per un tutto flessibile, principio che richiede all'architetto di esercitare la tecnica della composizione di punti per formare una linea, di linee per formare un piano, e di piani per formare un volume.

D'altro canto, se si parla di composizione come sistema più esteso, la differenza e la somiglianza create attraverso il contrasto e il complemento sono solo un aspetto della composizione architettonica e dunque responsabili solo della sequenza visiva primaria.

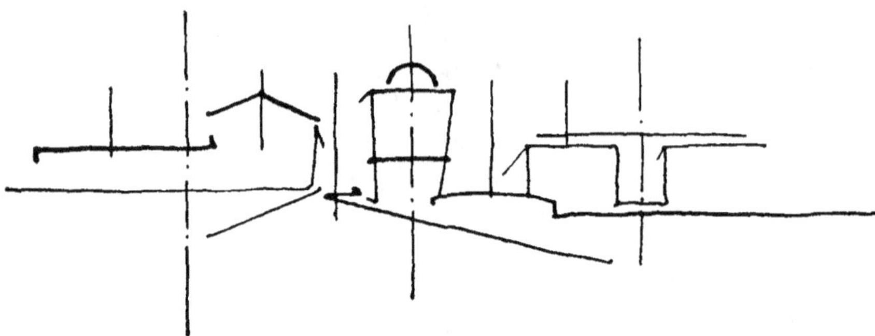

Essendo formata da elementi visivi di livelli organizzativi diversi e modificati da una molteplicità di attributi naturali, la composizione architettonica nello spazio non può che essere complessa. L'interrelazione tra contrasto e complemento accentua ulteriormente tale complessità e richiede una modulazione sequenziale più ampia per semplificare gli elementi complessi della composizione attraverso l'unificazione.

A differenza di altre arti visive, l'architettura esprime la vita stessa a grandezza naturale. Per questo, gli elementi visivi utilizzati dalla composizione architettonica non hanno il solo scopo di sollecitare l'interesse e promuovere il movimento: essenzialmente servono anche a creare la tranquillità nella quale è radicato il potenziale della vita, del lavoro e della continuità umana. Questa qualità di riposo e potenziale distensivo si manifesta nella forma architettonica come equilibrio della massa e stabilità dell'ambiente.

Questi elementi ci fanno sentire per un certo periodo di tempo a nostro agio, stabili e in uno stato di soddisfazione sollevata. Sono le combinazioni intermittenti di queste emozioni, agio e solidità creati dall'equilibrio e dalla stabilità, che controllano le sequenze secondarie e terziarie nello spazio architettonico. Senza di esse, il movimento di transizione creato dal contrasto e dal complemento determinerebbe un'azione incessante e prima o poi uno stato di fatica. Tra i due, l'equilibrio della massa è in genere il fattore secondario e in quanto tale capace di controllare la sequenza per un periodo più limitato.

L'equilibrio della massa è un fenomeno composito che implica un aspetto fisico oltre che visivo. E qualunque attributo di ogni aspetto influenzerà lo stato dell'altro. Il principio fondamentale dell'equilibrio fisico sembra essere una notevole resistenza agli eventuali carichi. Come si applica questo principio? I carichi accumulati da molteplici direzioni si concentrano su pochi punti di sostegno. Quando un edificio è costruito con materiali dal potenziale elevato, la sua struttura diventa cava e le dimensioni dei materiali appaiono visivamente non rappresentative della forza necessaria a trasferire o a resistere al carico. Come dimostra un palloncino, la forza può essere in linea teorica priva di forma.

L'uomo ha potuto liberarsi dalla pesantezza della muratura quando ha imparato ad applicare sinteticamente principi e materiali nuovi. Questi gli hanno consentito di comprendere che una sezione piena di un elemento equivale alla tensione, il suo spessore equivale a una migliore resistenza alla flessione e due elementi che agiscono su un solo giunto possono tradursi in un'unica forza. L'uomo ha anche capito che le dimensioni di molti nuovi materiali non implicano lo stesso peso teoricamente associabile alla muratura tradizionale. In altre parole, sappiamo che la costruzione non è la struttura.

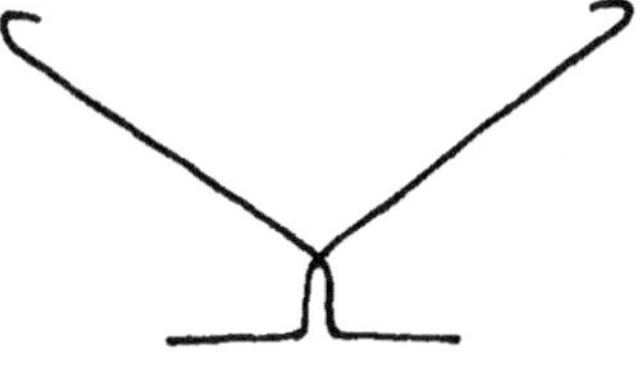

Pur essendo tangibile, la costruzione non è necessariamente ciò che la sua immagine comunica. La struttura è intangibile ma non è mai del tutto manifesta. In sostanza, viviamo immersi in un campo di forze gravitazionali pur senza esserne consapevoli.

Esplorando la struttura invece che la costruzione scopriremo che la creazione di tutte le costruzioni architettoniche si fonda essenzialmente su un unico, semplice principio sintetizzabile come l'utilizzo della quantità minima di materiale per resistere al massimo di carichi possibili. I metodi costruttivi possono cambiare ma il principio strutturale rimane invariato.

Mentre l'ingegneria pura persegue l'efficienza e l'economia nella costruzione, l'architettura ha una finalità più profonda data dalla soddisfazione emotiva oltre che dall'integrità fisica. Si tratta, cioè, di un linguaggio dotato della capacità emotività di esprimere autorevolmente il significato strutturale di uno spazio funzionale.

Lo spazio fisico richiede che la struttura offra un certo livello di sicurezza. Ogni giunto, ogni campata, ogni edificio sono progettati a partire da questa premessa. Il livello di sicurezza richiesto è diverso in ogni caso ma sempre maggiore dell'unità. La previsione di carichi intangibili e imprevedibili nella struttura fisica è di norma sovradimensionata, ma è proprio questa riserva inutilizzata a consentirci di vivere in uno spazio in tutta sicurezza.

Il riconoscimento di questo stato intangibile di sicurezza non è un aspetto di coscienza superficiale. Pronunciarlo con accento, rivelare una struttura affidabile come animata, consentire la crescita e l'integrazione del significato strutturale sono i compiti che la forma architettonica deve assolvere.

Ciò che vuoi indebolire devi prima rafforzare.
(Cap. 36)

Lao Tzu riconosce la fragilità insita nella definizione eccessiva perché è consapevole del non-essere nelle cose: un principio che ritiene applicabile a qualunque aspetto.

L'espressione positiva della struttura offre in genere un'assicurazione istantanea data da una pesantezza supplementare. Dopo una certa fase di esperienza visiva, questa espressione positiva è destinata, però, a diventare un'impressione statica tale da portarci addirittura a dubitare della forza dei materiali. Un esempio di questa categoria di espressione positiva è la forma piramidale piena o cava, caratterizzata da una struttura e da una costruzione che hanno la stessa proporzione di resistenza e di carico. Essa non prevede la presenza di complemento, dunque è priva di vita.

Per generalizzare i metodi dell'espressione animata nella struttura, possiamo ipotizzare che una struttura sia espressa dall'interazione tra parte portata e parte portante. Possiamo inoltre ipotizzare che, sia che agisca o che resista, la forza sia visivamente presentata a livello di dimensioni, movimento formale e qualità materiale.

Per chiarire il nostro ragionamento, poniamo poi che la resistenza e il carico di una struttura siano entrambi trattati come un tutto e rispettivamente rappresentati come l'asse Y e l'asse X in uno schema di coordinate. Se tracciamo una linea dall'origine fino al punto in cui l'ordinata rappresenta la resistenza e l'ascissa il carico, la curva di questa linea, che rappresenta il livello di sicurezza, sarà maggiore dell'unità.

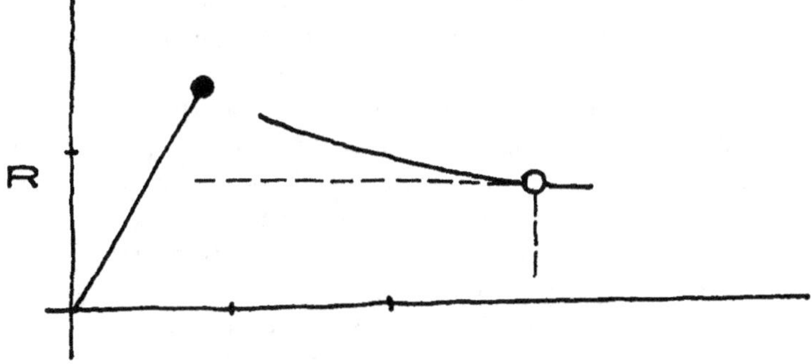

Un'espressione strutturale di natura vitale non manifesterà l'impressione di sicurezza in modo immediato ma conterrà un grado di debolezza apparente capace di promuovere l'incremento della forza nell'esperienza mentale. Ciò significa che la curva di una linea che rappresenta la nostra impressione immediata di una costruzione è minore dell'unità. La nostra esperienza si sposta quindi dal punto di coordinata del rischio apparente al punto di coordinata di sicurezza effettiva.

La modalità più comune di questa composizione prevede che la struttura sia espressa ponendo i lati più sottili di una serie di contrafforti, come vuole la ragione fisica, verso chi guarda. Se ipotizziamo che il carico sia costante, la visione frontale di questi contrafforti produrrà un'impressione immediata di debolezza, mentre il loro spessore rivelato dalle ombre o dalla visione laterale ne manifesterà dimensione e forza effettive. La variazione dimensionale produrrà, quindi, un maggiore rispetto della condizione effettiva nella nostra mente e porterà l'interpretazione mentale a passare dal punto di rischio apparente al punto di sicurezza effettiva. Spesso questo margine di crescita mentale è realizzato occultando in parte o anche del tutto gli elementi incaricati di opporre resistenza.

In altri casi, è la qualità dei materiali a promuovere l'incremento della resistenza nella nostra esperienza. Ciò accade particolarmente quando si utilizza il metallo e le dimensioni risultano ridimensionate dal riflesso dato dalle superfici lucide che, peraltro, con la loro qualità metallica contribuiscono proprio a esaltare la forza del materiale. Ciò che a prima vista appare debole diventa in qualche modo leggero ma comunque dotato di una forza intangibile.

Per quanto riguarda la parte portata di una struttura, la pratica consueta privilegia l'orizzontalità della massa e la qualità fluttuante della stessa introducendo un'adeguata presenza di vuoto tra i corpi solidi. Se, in un caso come questo, manteniamo la resistenza costante, il carico diminuirà nella nostra esperienza. Ciò che a prima vista appare pesante diventa massiccio ma leggero. Allo stesso modo, la suddivisione in più parti di un muro pieno può contribuire a ridurne mentalmente la pesantezza apparente. Spesso il movimento della forma è applicato in modo inverso.

Quando le dimensioni apparenti di una parte portata implicano un'eccessiva leggerezza, si determina un movimento verso il basso che necessita di compensazione. In tutti i casi, è auspicabile ridurre la massa per esprimere la parte sia portata che portante di una costruzione. Riducendo la massa o creando un vuoto, al livello più basso dell'organizzazione visiva, un giunto inclinato esprime una resistenza più che adeguata al carico e non una condizione di schiacciamento.

La presenza di contenuto intangibile fa sì che l'espressione strutturale si traduca in pesantezza apparente nella parte portata e in debolezza apparente nella parte portante di una struttura. Grazie alle indicazioni relative alla variazione dimensionale, al movimento formale o alla qualità materiale, chi guarda coglierà voluminosità leggera nell'apparente pesantezza e leggerezza rafforzata nell'apparente debolezza. Questo metodo trova piena applicazione nella costruzione della forma architettonica tradizionale cinese espressa da un tetto voluminoso che si eleva visivamente nel vuoto grazie al movimento della sua forma curva e da esili colonne rafforzate dal contrasto cromatico e dall'associazione contestuale con una terrazza solida.

Esprimere la coerenza strutturale significa controllare l'esperienza della forma da parte di chi guarda a partire dal suo non-essere nella costruzione al suo essere reale nella struttura. Gli obiettivi di questo metodo sono: voluminosità senza pesantezza; leggerezza senza debolezza. Il livello di rischio apparente che una forma architettonica deve contenere per esprimere la reale sicurezza della sua struttura e assicurare la sensazione di equilibrio fisico dipende dalla disponibilità di tempo concessa all'esperienza visiva nello spazio. È altrettanto insensato optare per l'espressione drammatica in un luogo affollato o per la conformità timida in un luogo tranquillo.

L'equilibrio fisico sembra imporsi per primo nella mente di chi guarda. Successivamente, saranno le dimensioni, il movimento della forma e la qualità dei materiali a influenzare in modo coerente l'equilibrio visivo di una composizione. Nello stesso tempo, l'effetto complessivo si arricchirà del ruolo svolto da luce, ombre, colori, oltre che dallo stato d'animo di chi guarda. È difficile stabilire la relazione precisa di questi fattori nell'equilibrio visivo.

Dobbiamo presumere che lo studio dell'equilibrio visivo dipenda dalle dimensioni percepibili e dalla relazione generale di masse di densità simile.

Qualunque forma indipendente, architettonica o naturale, esiste nello spazio in uno stato di equilibrio.

Ci appare in equilibrio principalmente per tre fattori: primo, la nostra coscienza di un asse di equilibrio che funge da riferimento di assestamento; secondo, il numero delle masse e le distanze dei loro baricentri dall'asse di equilibrio; e terzo, il nostro punto di osservazione e valutazione nello spazio.

La forma architettonica non ha contorni definiti. Può essere semplice come una scatola oppure una composizione di parti fisicamente e visivamente interrelate, un gruppo complesso di masse che si affiancano e si sovrappongono in direzioni diverse.

Qualunque insieme, non importa quanto complesso, di masse collegate è comunque ascrivibile a una di queste due categorie generali: simmetrica e asimmetrica. La prima è schematicamente rappresentabile come una forma geometrica semplice e univoca, la seconda come due semplici forme geometriche, una che si estende più orizzontalmente e l'altra un po' meno orizzontalmente rispetto all'asse di equilibrio.

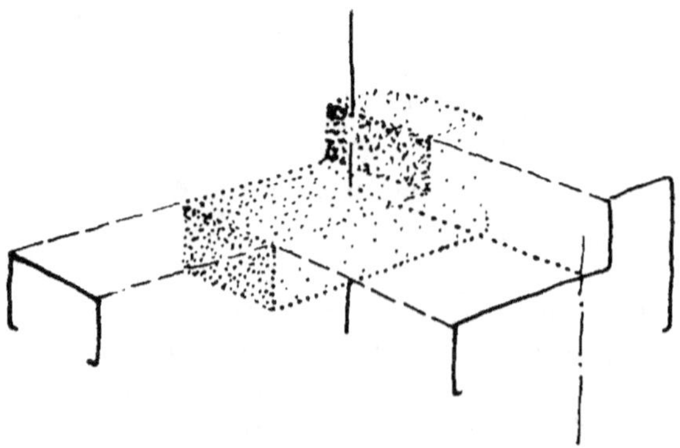

Fisicamente la massa è tridimensionale. Il suo baricentro esiste all'interno della massa, in genere invisibile all'occhio umano. In termini astratti, l'individuo risolve questo baricentro effettivo in due assi componenti perpendicolari tra loro entro una cornice rettangolare. E, dato che la forma architettonica è manifestata dalla luce proveniente principalmente da una fonte unica, la superficie coperta dalla correzione cosciente dell'equilibrio è limitata a un lato di una forma tridimensionale. Di conseguenza, l'equilibrio visivo che percepiamo da qualunque punto di vista è frutto della correzione di un asse volta a equilibrare le superfici ovvie di un profilo tridimensionale o della correzione delle superfici ovvie volta a equilibrarle rispetto a un asse specifico.

Chi sta in piedi non è stabile,
chi cammina a grandi passi non va lontano.
(Cap. 24)

L'intero testo di Lao Tzu è percorso dall'enfasi sul non-essere data dalla convinzione che nessun essere definito può resistere immutato al cambiamento. Ciò che gli preme individuare non è lo stato permanente delle cose, non l'essere in uno o nell'altro modo, ma la capacità di regolazione tra due estremi e quindi di essere sempre in uno stato di equilibrio intangibile. Per Lao Tzu, la qualità della forma animata non è né del tutto simmetrica né del tutto asimmetrica.

L'interpretazione meccanica dell'equilibrio di una massa architettonica può riguardare solo l'essere temporaneo della sua posizione nello spazio così come un osservatore la coglie da un certo punto di vista. Tutto ciò che era in equilibrio non lo sarà più allo stesso modo in un altro momento e da un altro punto di vista. Una semplice massa orizzontale e simmetrica con un'asta postabandiera come asse visibile sarà percepita frontalmente come simmetrica e in equilibrio. Ma, colta da una posizione obliqua, la stessa massa con lo stesso asse tangibile può apparire non in equilibrio. La ragione di questa deviazione è semplice. A livello percettivo, le aree ai due lati dell'asse tangibile viste di scorcio non rimangono uguali tra loro.

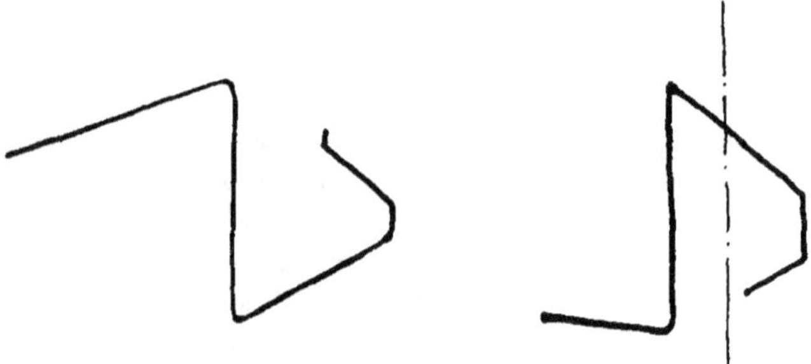

Solo l'essere incompleto della simmetria può impedire che essa appaia deviata se percepita da angolazioni diverse. Nell'esempio qui sopra, ciò avviene eliminando l'asse tangibile. L'asse invisibile, che svolge il ruolo di contenuto intangibile della simmetria o la possibilità che diventi asimmetria in questa forma orizzontale, può essere corretto sulla base dell'equilibrio variabile delle aree percepite da angolazioni diverse. Esso conferisce qualità vitale alla forma simmetrica ma non riduce la qualità simmetrica della forma quando questa è percepita frontalmente.

Un caso analogo all'esempio appena citato ma opposto per relazione è quello della massa verticale rispetto alla sua linea base. Mentre una base tangibile simmetricamente connessa alla massa verticale diverrà diseguale e porterà la massa verticale a sembrare inclinata, una base intangibile potrà sempre essere corretta in base alle necessità variabili dell'equilibrio visivo.

L'equilibrio regolabile di una forma simmetrica è reso possibile dalla sua assialità intangibile intesa come asse o linea base intangibile. Per soddisfare questo requisito nella composizione, è normalmente consigliabile introdurre l'uniformità nella parte mediana di una forma orizzontale e un vuoto adeguato alla base della forma verticale.

Se consideriamo l'equilibrio di una forma asimmetrica, le condizioni del suo essere in equilibrio intangibile sono esattamente opposte a quelle di una forma simmetrica. In una forma asimmetrica, un asse tangibile è generalmente non-esistente e sempre regolabile a seconda del punto di vista di chi guarda. Ma l'individuo che la vede frontalmente non si accontenta di interpretarla come in equilibrio sulla base della proporzione inversa tra leva e peso. La simmetria dinamica in quanto tale a livello della sola massa crea unicamente la sensazione di sbilanciamento e nient'altro.

Ciò che è animato deve assomigliare alla vita stessa. Possiamo ricavare un'importante regola di equilibrio dall'anatomia degli esseri viventi, e dell'uomo in particolare. Il corpo umano, che è il prodotto più elevato della natura, si trova in stato di equilibrio quando braccia e gambe possono muoversi e quindi compensare efficacemente i cambiamenti di posizione del corpo. Per consentire questa mutazione compensativa della posizione corporea, occorre in genere consentire al corpo uno spazio libero nel quale possa muoversi per assumere una nuova posizione sostenuta.

Se applichiamo questa semplice regola all'equilibrio della massa dell'edificio, riscontreremo che una forma asimmetrica richiede in genere uno spazio libero sul lato meno esteso dell'asse di equilibrio. Ciò si verifica non solo perché la massa dell'edificio si sviluppa in altezza e soprattutto richiede spazio libero perché la sua sommità sia facilmente visibile, ma anche perché la posizione intangibile e opposta della massa dell'edificio in relazione all'asse visivo prevede una propria posizione implicita nello spazio. Quando le posizioni tangibile e intangibile sono considerate entrambe come parti della composizione, l'individuo percepirà naturalmente l'asse di equilibrio come esistente al centro della combinazione dell'immagine visiva e mentale che si formerà frontalmente. La sensazione di sbilanciamento risulterà quindi materialmente annullata.

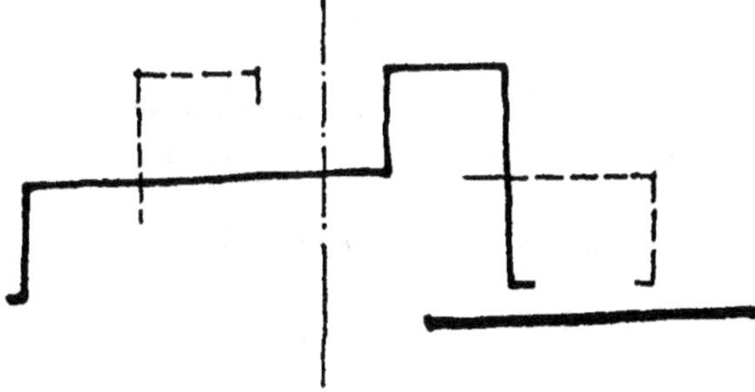

La semplice regola dell'asimmetria senza sbilanciamento è applicabile a qualunque scala, dalla più piccola alla più grande, ma non è sempre necessaria. Altri fattori nell'organizzazione visiva possono ridurre la necessità di prevedere spazio libero sul lato meno esteso di una forma asimmetrica: ad esempio, nel caso di una composizione che non prevede mai una visione frontale piena, la previsione di spazio libero sarà totalmente arbitraria.

La forma individuale, simmetrica o asimmetrica, non è in genere isolata nello spazio ma deliberatamente integrata ad altre forme individuali. Il passaggio da una forma a un'altra avviene per chi guarda in una condizione di movimento ondulatorio nel quale il contrasto o il ritmo che si stabilisce tra una forma simmetrica e una asimmetrica introduce vitalità, a sua volta attenuata dall'equilibrio intangibile di ogni forma. La stabilità e la tranquillità complessivamente creata dall'equilibrio fisico e visivo introduce così un ovvio fattore temporale nella sequenza visiva dell'uomo nello spazio che impedisce al suo interesse visivo di esaurirsi.

Non appena l'attenzione abbandona il movimento continuo e si concentra sull'equilibrio di una massa, l'energia visiva si ristabilisce e l'attenzione sarà attratta dal vuoto e quindi da un altro oggetto. In parte per il contrasto complementare della forma ma in parte per il contrasto di qualità superficiale, il movimento tra due equilibri consecutivi prevede divisioni formate da sequenze visive più limitate. La molteplicità di attributi visivi fatta di luce, colore, forma ed equilibrio tutto intorno o all'interno dell'ambiente lo arricchisce della melodia formata dai pieni e dell'accompagnamento armonico formato dai vuoti.

Finora ci siamo occupati del problema della qualità umana nell'ambiente (ambito), la finalità elementare dell'architettura.

Il grande quadrato non ha angoli.
(Cap. 41)

Ciò che cresce non ha limiti. Purtroppo un ambiente ci diviene intelligibile solo quando prendiamo coscienza del suo confine fisico o, in misura minore, quando ne percepiamo la definizione visiva. In genere la nostra esperienza di un ambiente è frutto di entrambe le cose.

Diversamente dalle entità meccaniche, l'essere umano è flessibile. Ogni volta che può, stende le braccia, si muove, salta e oscilla nello spazio. E ogni volta che può, cresce. Il contorno formato dal movimento e dalla crescita del nostro corpo è un volume elastico di vuoto al quale nessuna forma fisica può corrispondere in modo preciso. Questo volume elastico di vuoto, non reale ma non per questo meno vero, è ciò nel quale viviamo di fatto. Non ha confini ma la sua forma senza forma è il campo indispensabile alla vita per prendere forma e fiorire.

Dato che è quasi impossibile che uno spazio sia privo di confini fisici, l'elasticità di questa forma senza forma può essere solo marginalmente preservata e suggerita da uno spazio flessibile creato in modo deliberato. L'enfasi che Lao Tzu pone sulla soddisfazione entro la possibilità di divenire ha ragione d'essere in ogni aspetto. Seguendo questa idea di soddisfazione, la nostra ricerca di spazio flessibile dimostra che esso esiste nel margine presente tra il confine del contenimento fisico e quello di uno spazio visivamente definito. In termini architettonici, significa che la presenza di un tappeto di dimensioni inferiori a quelle di una stanza determinerà la chiara percezione nella stanza di un'atmosfera di crescita flessibile.

Ciò non significa che il contenimento fisico debba essere sempre tale da indurre una contrazione deliberata dello spazio visivo. Una porta può avere dimensioni doppie senza motivo ma, senza la presenza di un margine visivo, sarà percepita da chi la guarda come un confine puramente meccanico. Viceversa, una porta di dimensioni anche ridotte ma dotata di un margine tale da costituire un riferimento visivo ci farà sentire liberi perché la possibilità offerta dal margine ci inviterà a varcarla agevolmente. Non sono le dimensioni in quanto tali a contare necessariamente nello spazio architettonico: ciò che conta è la loro possibilità di espansione.

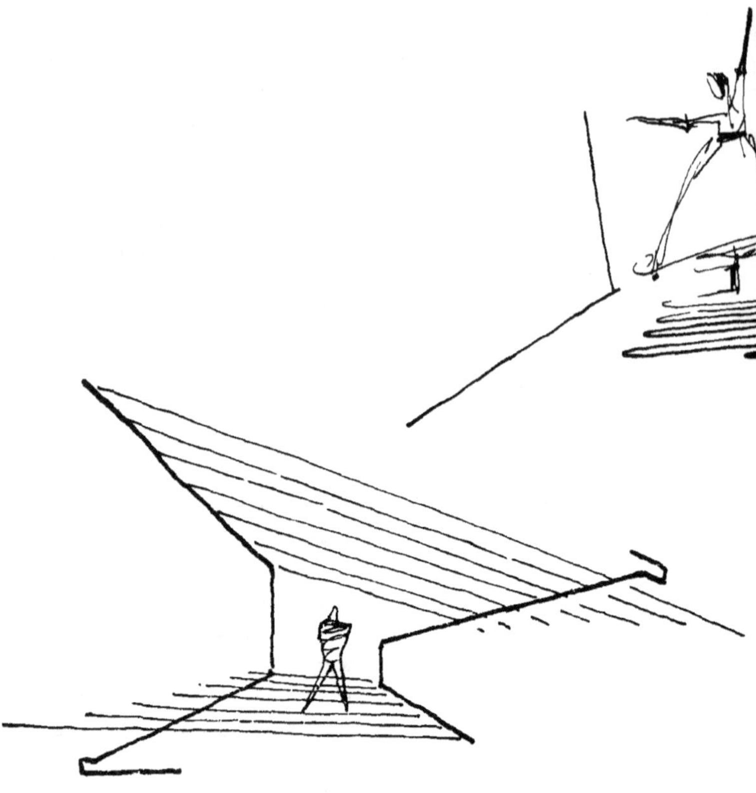

L'idea di espansione dello spazio mediante contrazione deliberata si manifesta forse nel modo più compiuto nel caso di una tettoia interna. Tagliando lo spazio orizzontalmente, essa suggerisce per un verso l'espansione in altezza perché abbassa il soffitto, e dall'altro l'espansione in ampiezza perché costituisce una contrazione interna rispetto alle pareti. La contrazione può dilatare psicologicamente un ambiente ristretto, così come può dilatare una strada dotata di una banchina alla quota inferiore. Lo stesso principio è applicabile agli ambienti di qualunque scala. È davvero un peccato che si esiti a riconoscere l'importanza della contrazione creata da un fossato, da un'aiuola o da una cornice.

Ma ciò che conta davvero quando si vuole creare una sensazione di flessibilità è che il contenimento fisico sia indefinito, e non necessariamente elastico in termini fisici. Esistono composizioni che richiedono una spaziosità solo visiva e non fisica. Per ottenere questo effetto spesso basta eliminare la visibilità del contenimento fisico. Dato che nulla ha un'essenza definita, per soddisfare questo requisito basta far sparire la definizione visibile invece che seguire la teoria per la quale la luminosità determina spaziosità. L'osservazione confermerà che un soffitto nero in un ambiente buio o scarsamente illuminato scomparirà rendendo lo spazio più ampio, mentre un soffitto bianco, ipoteticamente ma erroneamente ritenuto un indice invariabile di spaziosità, diventerà più visibile riducendo l'ampiezza dello spazio.

Una superficie totalmente riflettente è particolarmente utile in questo caso perché priva di un carattere definito proprio. Essa manifesta lo stato altrui senza rivendicarne alcuno per sé nello spazio. Se si pongono due specchi a tutta altezza su due pareti opposte, il loro riflettersi l'uno nell'altro all'infinito renderà le dimensioni visive di una stanza infinitamente più ampie.

Il non-essere è sempre infinito e utile ma creare artificialmente

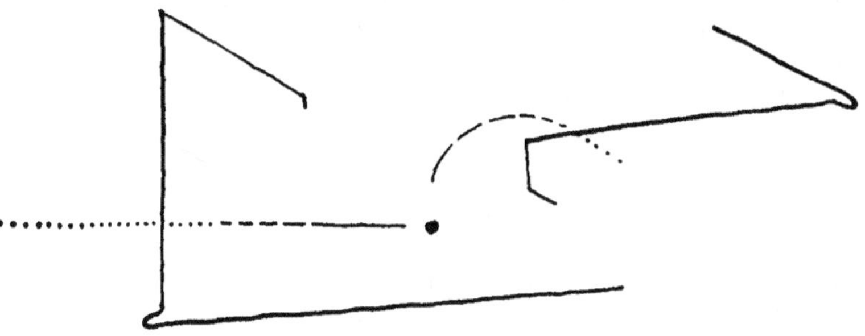

il non-essere è un'operazione invariabilmente ardua e onerosa. Per fortuna, è sempre possibile creare una rientranza intorno a un soffitto o alla base di una parete. Un artificio visivo di questo tipo ha il potere di attenuare la definizione visiva di uno spazio definito. La nostra esperienza del volume elastico è quindi un processo di espansione verso l'esterno a partire dal limite del contenimento fisico verso un altro confine invisibile che si espande verso un limite insondabile.

In un modo o nell'altro, la compattezza senza restrizione creata dalla contrazione dello spazio visivo e la spaziosità senza espansione creata dall'assenza di limiti visivi sono qualità importanti dello spazio vitale: esse creano facilmente stabilità tra spazi contenuti e definiti se comprendiamo l'importanza del principio del non-essere.

L'elasticità dello spazio creato dall'interazione di confini definiti e confinati è il fattore umano all'interno di un ambiente specifico. L'integrazione frammentaria di ogni ambiente fa sì che il limite fisico sia parzialmente non-esistente e che si determini uno spazio direzionato tra gli ambienti.

Il termine "fluido" è comunemente usato per esprimere l'azione in uno spazio direzionato. È fluida l'azione della nostra visione indotta a spostarsi da un ambito all'altro perché sollecitata dal vuoto o respinta dal vuoto della massa o dalla penetrazione attraverso la stessa.

Sono diversi i fattori che determinano il processo visivo in uno spazio fluido o direzionato. Di volta in volta dobbiamo prendere coscienza di quanto fattori come il contrasto e complemento di luce, colore, texture, forma ed equilibrio contribuiscono ad attirare il nostro interesse e a determinare l'effetto sequenziale complessivo dell'azione e del riposo nella nostra esperienza visiva. Dobbiamo inoltre riconoscere che l'effetto sequenziale dato dal contenuto visivo totale di un ambiente risulta modificato in modo variabile dalla condizione mentale di chi osserva.

A parità di condizioni, la fluidità in uno spazio direzionato è, però, determinata principalmente dal contrasto di apertura tra due ambienti consecutivi nella continuità concettuale della nostra memoria ed è guidata in modo complementare dai corpi solidi paralleli alla direzione del flusso. Non solo, un ambiente aperto offre più spazio al movimento corporeo e ottico e quindi richiede maggiore attenzione, mentre un ambiente ristretto tende a creare una sensazione di congestione e di accelerazione in avanti. In entrambi i casi, la guida offerta da una forma solida sembra confermare la direzione del flusso ma determina comunque una connessione ritmica tra due volumi separati o interconnessi di vuoto circondato.

Ma separatamente l'apertura suggerisce di per sé un'espansione incontrollata e la chiusura suggerisce di per sé una quiete compressa. L'eccesso della prima porterà a un'azione eccessiva e quindi a uno sforzo insensato, mentre l'eccesso della seconda porterà a una totale mancanza di vita. Occorrono misure precise per impedire che lo spazio aperto dilaghi e che lo spazio racchiuso ristagni.

La vitalità richiede sempre il potenziale del divenire. Un modo

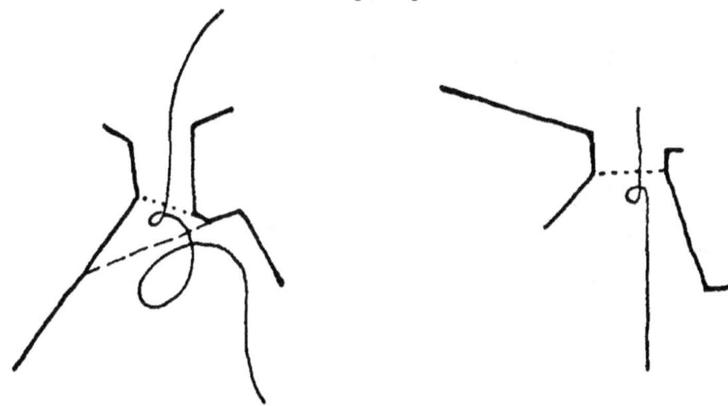

per impedire il dilagare nello spazio sembra essere la realizzazione
di un ambiente compatto attraverso l'uso di una linea intangibile
suggerita da una massa tangibile che si pone in relazione
perpendicolare alla direzione del flusso. Il risultato ottenuto da
questa soluzione è un effetto tra l'essere e il non-essere del flusso.
La visione umana seguirà dunque il perimetro dell'ambiente per
trovarsi poi temporaneamente nell'impossibilità di attraversare
l'estuario dell'ambiente per via di una linea inferita che la porterà
a rimbalzare indietro per attraversarla una volta superata la curva
inerziale. Questo effetto, che equivale al cosiddetto "ritardo"
nella musica, sospende la visione impedendo che si disperda in
un'azione infinita.

Una situazione opposta di stabilità nello spazio fluido si verifica

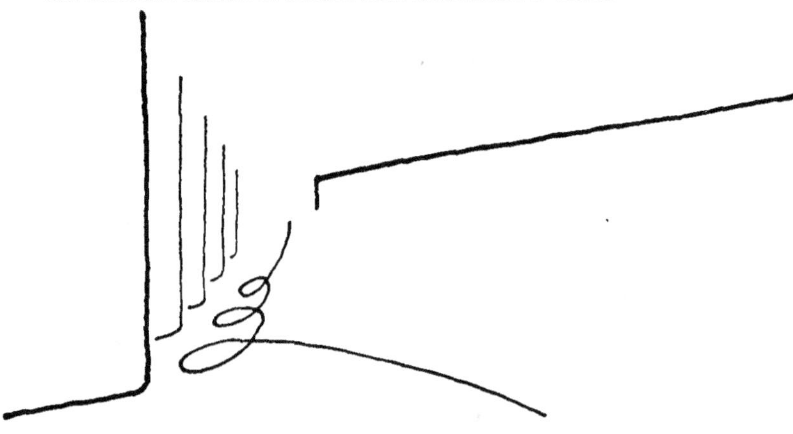

quando un ambiente è visivamente racchiuso in quasi ogni
direzione. Il contenuto intangibile necessario in questo caso è la
sensazione che esista un'apertura capace di alleviare la compressione.
Una serie di piani laterali, ad esempio una fila di sostegni o una
veneziana, può creare l'impressione di un'apertura laterale al di
là di questi elementi e impedire che l'azione longitudinale risulti

schiacciata dalla chiusura laterale. La nostra visione sarà quindi successivamente attratta dalla luminosità dei piani laterali e, ogni volta che sarà portata a muoversi lateralmente, si riposizionerà per procedere verso un'altra apertura intangibile implicata dalla luminosità. Questo effetto di vibrazione, equivalente al "tremolo" nella musica, trasforma un ambiente chiuso in un volume visivo morbido e cedevole.

Come abbiamo visto in modo piuttosto evidente fino a questo punto, una composizione architettonica in quanto tale o la sua relazione con altri elementi richiede equilibrio e stabilità come condizioni per consentire alla sequenza visiva umana di realizzare i controlli dello spazio architettonico di tipo secondario e terziario necessari all'armonia sequenziale di una composizione.

Sembra, tuttavia, che a livello di continuità concettuale, l'effetto sequenziale sia in genere soggettivo, e sempre rinnovato e incompleto. Mentre la musica è psicologicamente esistente ma fisicamente non-esistente, la continuità architettonica è fisicamente esistente ma psicologicamente non-esistente. Al livello più elevato di organizzazione visiva, è difficile dire dove inizi e dove finisca una sinfonia architettonica.

Nel mondo tutte le cose nascono dall'essere.
L'essere nasce dal non-essere.[1]
(Cap. 40)

Quando è possibile un'articolazione deliberata, un edificio composto da elementi in contrasto e in complemento a livello di forma e qualità superficiale si integra con altri edifici a livello di contrasto di equilibrio e di apertura. La ragione è che ciò che è asimmetrico si assimila in genere più efficacemente a ciò che è simmetrico; e ciò che è racchiuso si collega meglio in genere a ciò che è aperto. Altrimenti, per creare un ritmo occorre inserire un vuoto aggiuntivo tra elementi uniformi e privi di mutazione. Per essere animato, ogni corpo solido o ambiente deve trovare uno stato soddisfacente di equilibrio e stabilità.

Ma, al di là dell'effetto puramente estetico, l'associazione di forme solide e il collegamento tra ambienti ha motivazioni funzionali e psicologiche.

Trenta raggi convergono in un mozzo;
grazie al suo vuoto abbiamo l'utilità del carro.
(Cap. 11)

Lao Tzu non abbandona mai l'idea dell'insufficienza nelle singole cose e torna ripetutamente a enfatizzare la relazione organica tra le cose più che le cose in quanto tali. Naturalmente l'essere di una cosa è sempre reso possibile nella nostra mente dal non-essere di un'altra cosa. Nella dimensione temporale non possono esistere contemporaneamente idee indipendenti a meno che siano generalizzate e trasformate in un'astrazione sintetica. Il significato di un tutto e di una parte esisteranno contemporaneamente nella nostra mente solo se pensiamo alla loro relazione e non alle cose in quanto tali.

La parola relazione è importante perché rivela come una parte sia principalmente animata dal potere del suo contenuto intangibile. Senza la relazione con le fonti di alimentazione, una città non è una città. Senza la relazione con le superfici che ricevono la luce, una lampada non è una lampada.

Questo ragionamento ci fa comprendere anche che uno spazio vuoto sulla riva di un fiume può divenire un approdo nel momento in cui un piede si posa sulla sua superficie verde. Possiamo inoltre comprendere perché un semplice monumento commemorativo, che non ha funzione fisica alcuna, possa diventare parte di una comunità anche molto estesa malgrado i suoi confini geografici così limitati. Perché agisce da fulcro.

Il potere dell'insufficienza fa sì che la diminuzione di indicazione simbolica in una forma non ne riduca necessariamente il potere espressivo. Anzi, la sua vitalità come entità significativa è notevolmente incrementata dalla capacità di indurre nella mente l'esperienza crescente dell'estensione o la profondità dell'associazione fisica.

È qui che interviene la differenza principale tra espressione imitativa e originale del carattere di un edificio. La prima si presenta immediatamente, in modo impositivo e senza lasciare spazio all'esperienza umana nel corso del tempo. La seconda, benché priva di elementi visivi utili a un'associazione immediata, ha un contenuto suggestivo che consente alla mente persuasiva dell'uomo di assimilare e digerire autonomamente.

Un edificio di espressione originale, dunque non immediatamente riconoscibile da parte di chi osserva, particolarmente se ha una funzione relativamente indipendente, sarà percepito come qualcosa di nuovo, irreale e addirittura eccentrico. Come fa, quindi, una forma nuova ad assumere un valore visivamente espressivo del significato che le è proprio?

Il modo per manifestare è essere manifestato.
(Cap. 22)

L'affermazione come sempre semplice di Lao Tzu richiede una spiegazione. Per cogliere tutto il suo significato, occorre ragionare in modo aperto e penetrare a fondo nell'ambito dell'intangibilità. La mente umana è un contenitore di oggetti visivi. A seconda delle epoche e dei luoghi, l'uomo raccoglie tutti gli oggetti che ha visto e li classifica, in modo attivo o passivo, in varie categorie. Gli attributi degli edifici come la localizzazione geografica, la relazione sociale, le dimensioni e l'utenza lo aiutano a riconoscere tutte le forme esistenti prima visivamente e poi per nome.

Ma l'uomo è un essere vivente. Guarda avanti. Ha speranza. La realtà completa nella sua mente comprende, oltre agli oggetti esistenti, le forme intangibili che esisteranno nel futuro. Ogni oggetto appartenente al futuro gli apparirà come una forma nuova, e la possibilità di sviluppare il significato di una forma nuova sarà data dall'interazione tra gli oggetti che l'uomo conosce e quelli che non conosce. La ragione è che, anche se non sa che forma assumerà un nuovo contenitore, l'uomo sa per certo la forma che non potrà avere. La forma di un nuovo contenitore, cioè, sarà determinata dall'espressione di ciò che non è.

Come sempre accade quando l'uomo riconosce la forma visiva, è l'esistenza intangibile nella mente o la non-esistenza tangibile nella visione ottica di altre forme a determinare cosa può essere una forma specifica. Se si guarda al passato, appare chiaro che un leone scolpito da un artista nella pietra non ha alcuna essenza definita e che diventa e rimane una sua opera solo perché, per distinzione, non è evidentemente né una tigre, né un orso.

Un architetto acquisisce la massima libertà di espressione attraverso la consapevolezza che l'essere di ogni forma è determinato dal non-essere.

Il Tao è nascosto e senza nome.
(Cap. 41)

È estremamente difficile chiarire cosa è imitativo e cosa è originale in una forma perché le cose, se separate dai loro nomi, sono diverse nel grado e non nel tipo. Ma il fattore del non-essere rimane vitale ogni volta che è possibile perché, secondo Lao Tzu, ciò che in superficie appare come non reale può in realtà essere intangibilmente vero. Per un architetto, la citazione sopra riportata non riguarda nulla che sia al di là della nostra intelligibilità quotidiana ma suggerisce che il significato complessivo di un edificio risiede nella sua molteplice relazione e non esclusivamente nella sua funzione fisica.

Il fatto è che ogni forma esistente appartiene a sé stessa e si forma sulla base di fattori temporali, spaziali e personali specifici. Materiali, clima, funzione sociale, contesto storico e soprattutto la sommatoria delle mentalità di tutte le persone direttamente e indirettamente coinvolte nella progettazione, nella realizzazione e nell'utilizzo dell'edificio sono gli aspetti di un'associazione integrata in una forma esistente prima e dopo la costruzione. La complessità di tutte queste associazioni non è rappresentabile in modo tangibile. Se una nuova creazione non ricalca una forma preesistente in tutte queste associazioni, la sua imitazione di tale forma preesistente non potrà che offrire una presentazione non autentica, benché realistica. L'imitazione non è solo priva di vita ma anche disonesta semplicemente perché esprime un'altra cosa che non esiste più.

L'espressione di un'associazione composita nello spazio architettonico richiede la negazione delle caratteristiche dissociabili. L'idea di un contenitore vecchio per un nuovo contenuto è impossibile non solo perché una forma vecchia ha un deficit estetico implicito dato dal cambiamento del gusto, ma anche perché il suo contenuto psicologico non è conforme a una situazione nuova. Questa contraddizione si fa ancora più netta se si considera il fattore dell'associazione differenziata tra persone diverse. Ciò che è non familiare e nuovo, invece, propone un significato che è per tutti variegato e disorientante ma comunque privo di pregiudizi.

Nel suo versante tangibile, una forma vecchia difetta anche a livello di efficacia ottica. Benché la sua immagine sia contemplata dalla nostra mente, ciò che vediamo diventa ciò che pensiamo di vedere e dunque è trasformato dalla nostra mente. La nostra visione di una forma nuova, meno influenzata dall'interpretazione frutto di un'esperienza pregressa, produce esattamente l'effetto opposto. Positiva o negativa che sia la nostra valutazione da un determinato punto di vista, ciò che è alieno e apparentemente non autentico è per noi più facilmente autentico rispetto a sé stesso. Si potrebbe addirittura dire che l'affidabilità data dall'osservazione, ciò che è più reale, sia negativamente verificata dalla non familiarità, dal non reale. Un diamante può essere falso, ma una pietra immaginaria di nome *kiamante* sarà sempre un kiamante. Nella forma nuova, come nelle parole nuove, non c'è posto per la falsità.

Questo punto di vista della manifestazione negativa data dall'unicità è coerente con il processo organico della vita. Ogni forma di vita è creata indiscutibilmente priva di un nome specifico e si sviluppa in modo infinito oltre il significato di quel nome. Quando il suo essere cambia prima di essere comunicato, diventa impossibile dire cosa sia. È qualcosa solo perché non è altro.

Come una nuova vita, il significato di un nuovo edificio manifestato in modo suggestivo da altri si svilupperà nel tempo dal nulla fino a diventare qualcosa di specifico. In termini fisici, il pur limitato servizio che rende a una finalità più ampia gli conferisce il potenziale di un significato funzionale; in termini psicologici, il suo non-essere visivamente altro gli lascia la possibilità di diventare qualcosa di per sé.

È tuttavia pericoloso definire l'astrazione unicità perché qualunque astrazione provocherà un significato specifico proprio e potrà essere facilmente fraintesa per uniformità geometrica o per standardizzazione strutturale. La conseguenza sarebbe lo sviluppo di un nuovo formalismo capace di trasformare ciò che in precedenza era puro ed espressivo in un vicolo cieco di monotonia e assenza di significato che nessun attributo decorativo e simbolico potrebbe emendare.

La perfezione è sconosciuta. La creazione consiste in qualche modo nell'evitare deliberatamente la ripetizione o nella ricerca inconscia della verità. Per ottenere questo risultato, occorre partire dalla premessa che la vera astrazione è un'astrazione senza equivoci. A livello di metodo, ciò richiede una disposizione unica di parti geometriche che penetrano lo spazio in modo da suggerire per ogni edificio un carattere unico e tale da può aprirci gli occhi sulle nuove possibilità in architettura.

A questo punto, si pone il problema dell'armonia totale tra forme diverse.

> *Purificando e ripulendo la visione profonda,*
> *puoi essere senza macchia?*
> (Cap. 10)

Possibile o meno che sia percepire forme diverse in coesistenza, esiste sempre una possibilità che queste esistano simultaneamente nella mente umana. In una sequenza temporale più estesa, la somiglianza complementare creata dalla concavità, dall'equilibrio e dalla stabilità non basta a soddisfare il bisogno di armonia complessiva dell'uomo, che vuole, invece, vedere la somiglianza tra composizioni diverse come entità integrate. Voltando la testa di lato, fissando un campo visivo o camminando in direzione longitudinale, l'uomo assimilerà nella memoria i diversi oggetti che gli appaiono attraverso una percezione cosciente. Nemmeno le composizioni singole e separate nello spazio sfuggono alla pulsione comparativa dell'uomo.

L'individuo che è a conoscenza di determinati stili convenzionali percepiti o concepiti simultaneamente coglie una diversità complessiva tra gli stessi: una diversità che gli appare perché la sua mente è categoricamente occupata dai nomi e dalle caratteristiche di tali stili.

Comprendiamo a questo punto perché Lao Tzu insista tanto sulla purezza e sulla totalità della ricettività umana. Un bambino privo di condizionamenti culturali o un adulto appartenente a una società primitiva non coglie la diversità categorica tra stili convenzionali ma la differenza tra quegli stili semplicemente come pura varietà tra forme astratte. L'individuo che comprende che tutti gli stili sono stati creati senza essere nominati in quanto tali vede la diversità manifestata superficialmente come un fenomeno storico di inevitabile differenziazione: di conseguenza, considera tale variazione sequenziale come un coro naturale e i nomi degli stili come i suoi versi successivi. Un uomo colto diverrà mentalmente un bambino ogni qualvolta vedrà le cose a una scala estesa e da un punto di vista relativo.

Gli stili diversi ma convenzionali appartengono alla categoria generale della creazione naturale, dunque appaiono armoniosi a qualunque mentalità ignori passivamente qualunque stile o accetti attivamente la differenziazione come naturale.

Rimane, tuttavia, difficile per chi guarda mantenere la purezza mentale di un bambino o l'apertura mentale di uno storico dell'arte. La ripetizione e la diffusione nel corso del tempo e l'uniformità nello spazio tendono a trasformare qualunque forma o gruppo di forme in quello che si presenta come uno stile che, posto in prossimità ad altre forme, crea inevitabilmente diversità.

Esiste un sistema generalmente valido per conseguire l'armonia: enfatizzare l'unicità significativa di ogni edificio, il fattore di non-esistenza di caratteristiche categoriche. Così facendo, la coesistenza delle "novità" o l'"assenza di norme" nella nostra percezione o concezione può liberarsi dalla discriminazione associata in termini di stili esistenti. In modo negativo ma permanente, la somiglianza complessiva si determina e si consolida attraverso la non somiglianza comune.

L'aspetto più concreto e costruttivo suggerito da Lao Tzu nel suo libro è l'idea di unità sociale. Il suo metodo per conseguire l'unità si differenzia radicalmente da molti altri perché si fonda sull'isolamento deliberato. Secondo Lao Tzu l'isolamento può contribuire a evitare la conformità non necessaria tra singole comunità e a garantire l'unità senza contatto attivo. In linea con l'impostazione generale del suo pensiero, questa enfasi sull'isolamento è una riaffermazione dell'importanza della tolleranza personale, della non interferenza con gli altri e della libertà dell'individuo in un ambito di limiti intangibili.

Anche se l'aspetto sociale di questo modo di pensare prescinde dalla sfera di influenza dell'architetto, le sue implicazioni pratiche sono di evidente utilità. Anche solo sul piano funzionale, la privacy e la solitudine della vita all'interno di singoli edifici contigui saranno tutelate dal vuoto esistente tra di essi.

Visivamente una forma unica non può essere separata dai vuoti necessari al suo contenuto intangibile. Gli arretramenti necessari a creare il contrasto luminoso e la fusione della qualità superficiale, la convessità necessaria al contrasto e la concavità necessaria al complemento tra forme diverse, l'equilibrio intangibile delle masse e la stabilità dell'ambiente sono tutti fattori che rivelano la loro ricchezza nel e attraverso il vuoto. Ma non è tutto. Il modo in cui l'uomo fa esperienza di composizioni di scala più vasta è, come abbiamo spiegato, non definita. Tale esperienza si forma per effetto dell'integrazione spaziale nell'assimilazione esterna oltre che della continuità temporale nell'organizzazione mentale. Perché l'uomo possa controllare l'esperienza soggettiva attraverso la continuità dei riferimenti oggettivi, è necessario un adattamento cosciente del cambiamento e della transizione sequenziale determinati dal raggruppamento complessivo, articolato in modo più o meno deliberato, di tutti gli elementi esistenti nello spazio.

L'integrazione deliberata di composizioni diverse richiede che gli elementi esistenti in qualunque assetto visivo, anche se non direttamente parte di un progetto, siano considerati all'interno di una composizione complessiva. Le parti, fino al livello di corpi individuali e aggregati, sono psicologicamente assimilate in un tutto organico nel momento in cui si ritrovano riunite nel nostro campo visivo o ambito di interesse. Ciò implica automaticamente l'esclusione degli elementi appartenenti a composizioni contigue. Naturalmente la chiarezza delle singole sagome risulta rafforzata dal vuoto che le separa. Per conseguire tale effetto, lo spazio tra le parti all'interno di ogni singola forma non dovrà essere maggiore dello spazio tra le singole forme.

Allo stesso modo, una visione chiara dalla distanza richiede profondità longitudinale. Un oggetto ben separato da un altro sarà percepito alla distanza come individualmente chiaro e definito, mentre una serie di elementi isolati, a prescindere dalla loro natura, ci appariranno vaghi e confusi se non posiamo lo sguardo su di essi.

A livello di organizzazione dell'ambiente, l'unità di un gruppo di edifici dipende sia dallo spazio laterale che dalla profondità longitudinale. A questo livello, e a parità di altri fattori, ogni singola apertura di un ambiente deve essere minore dell'ampiezza dello spazio che circonda il gruppo.

Questo modo di conseguire l'unità visiva attraverso l'aumento successivo dello spazio circostante è applicabile a qualunque livello superiore di organizzazione visiva. Se pensiamo che ogni gruppo di stelle è formato dal vuoto che le circonda, è impossibile negare il fatto che sono i due oceani e non le linee ferroviarie a determinare l'unità tra San Francisco e New York.

Evidentemente l'unità non richiede sempre continuità fisica e può essere conseguita stabilendo una relazione formata da un vuoto comune tra forme tangibili in prossimità. Ma la parola prossimità non definisce certo la condizione reale dell'unità spaziale: implica, semmai, la possibile soppressione di forme individuali o di aggregati più piccoli di forme da una parte e la non considerazione di qualunque combinazione di queste unità a livelli organizzativi superiori dall'altro. Essa implica inoltre che gli elementi nel contesto siano relazionati solo deliberatamente. L'unità organica creata dallo spazio circostante è realizzata, in modo invisibile ma naturale, dal rispetto implicito per ogni elemento e dalla sua sconfinata possibilità di sviluppo e combinazione vitale. L'enfasi sullo spazio circostante può così preservare la condizione unica di una forma individuale o di un gruppo di forme costruite a caso e può anche combinarla con altre entità capaci, nel complesso, di creare un'organizzazione ambientale vitale all'interno del processo di crescita.

La creazione cosciente di spazio tra le singole forme può determinare qualcosa di più dell'unità e della chiarezza visiva. Come abbiamo accennato, uno spazio libero visto da diversi punti di vista nel tempo finisce per avere un valore moltiplicativo di gran lunga maggiore della sua semplice dimensione e immagine fisica. In senso visivo, una previsione adeguata di spazio tra e intorno gli edifici ha il potere di consentire all'esperienza umana di cogliere una varietà più ricca da più punti di vista e una comprensione più completa di una composizione architettonica.

Riconoscere il significato dell'unità dato dallo spazio circostante consente all'architetto di conseguire la massima libertà compositiva in quanto artefice di una composizione fatta di forma e spazio che non si limiterà a collocare forme architettoniche nella totalità di spazio disponibile in un sito ma avrà cura di conservare un margine adeguato tra la linea di costruzione e il confine di proprietà. Contraendo l'area edificabile, l'architetto non dovrà porsi il problema di considerare la relazione tangibile con eventuali forme incompatibili nelle vicinanze o con articolazioni future ancora ignote.

Se pensiamo che l'affollamento dei volumi in architettura rappresenta in genere un simbolo del declino del progresso umano, lo spazio naturale così preservato si afferma come un'assenza vitale, prolifica e creativa riservata alla crescita e alla sostituzione transitoria in una fase futura. Nel periodo che separerà le ricreazioni transitorie, tale spazio sarà comunque naturalmente occupato da alberi, fiori o dal verde indefinito. Il fattore che questi elementi formano è, come il grigio e il vuoto, un comune denominatore intangibile che assimila la concezione di unità e la libera dalla regola del modulo comune.

Per tutte le composizioni architettoniche, i comuni denominatori dell'unità nello spazio e dell'armonia delle forme sono i due fattori intangibili presenti nella mente di ogni creatore e di ogni fruitore. Quando un edificio contiene questi due fattori, lo spazio circostante e l'unicità, diventa un'entità vitale perché, come la vita, si irradia fisicamente nello spazio sviluppando psicologicamente il proprio significato nel tempo attraverso la propria destinazione funzionale.

I punti apparenti toccati da questa analisi sono presentati in modo necessariamente astratto e sporadico. Un approccio troppo analitico e tangibile a un argomento di questa natura ne svilirebbe fatalmente il contenuto ideale. Detto ciò, l'esistenza di contenuto intangibile nella forma architettonica è riconoscibile come il principio che attraversa in modo costante il pensiero qui presentato.

La predisposizione dello spazio funzionale, un tema aggiuntivo accennato nell'introduzione, è interpretata come ciò che consente all'uomo di agire liberamente senza limiti di tempo. Nell'analisi degli aspetti impliciti della visione, l'incompletezza infinita della trasformazione naturale e l'insufficienza del nostro organismo visivo sono considerate entrambe come risorse naturali. La stessa premessa determina l'enfasi sulla ricchezza della composizione frammentaria e sulle forme complementari.

Abbiamo visto come sia possibile conseguire l'equilibrio sia fisico che visivo con l'ausilio di elementi intangibili. L'utilizzo di tali strumenti per conseguire una finalità positiva è riconosciuto nel modo più vitale come la via per acquisire la qualità umana della crescita nell'ambiente fisico.

Si può dire che il contenuto intangibile nella composizione architettonica rappresenti il legante generale tra il non-essere e l'essere di ogni entità visiva. Appare dunque evidente che, nel momento in cui compone, l'architetto debba considerare in modo interdipendente il contenuto invisibile oltre che la forma tangibile.

Tutti i metodi di composizione visiva indicati in questa analisi sono, come si è detto, mezzi e non finalità. Gli elementi che si richiede a un architetto di esprimere, e che vuole esprimere, si ritroveranno combinati, modificati, e quindi fusi nel carattere di un edificio o di un gruppo di edifici. Questo carattere può essere espresso in vari modi ma deve essere unico in modo da rispettare le associazioni psicologiche incompatibili.

Così, allo stesso tempo, una modalità espressiva unica determinerà il carattere di base di qualità senza norma che lo porrà in armonia con gli altri edifici coesistenti nello spazio naturale.

Tutti questi elementi indicano che, se un architetto vuole esprimere un'idea senza generare confusione nella presentazione e contraddizione con le forme attigue, la prima cosa che deve sapere è cosa non fare. Se si trova a collaborare con un cliente che desidera realizzare un significato di tipo nuovo, l'architetto dovrà probabilmente sapere ciò che il cliente non vuole perché ciò che vuole non è generalmente traducibile a parole.

Se gli strumenti della composizione architettonica sono qualcosa di concepibile, portare a compimento una composizione è un processo che ha a che fare con la creatività, e per questo si pone su un livello superiore alla nostra conoscenza. Ma il pensiero di Lao Tzu sembra venirci in aiuto anche in questo frangente.

> *Il modo per imparare è assimilare.*
> *Il modo per conoscere è dimenticare.*
> (Cap. 48)

Dimenticare è, per la filosofia del non-essere, un'azione affermativa e costruttiva: un principio ovvio per chiunque pratichi il lavoro creativo non solo perché riconosciamo al nostro subconscio un potere creativo ma perché più dimentichiamo, meno siamo inibiti dalla conoscenza che può aiutarci ma anche ostacolarci nella soluzione di un nuovo problema.

Se pensiamo che la parte vitale della natura esiste nel vuoto, ci appare evidente come la conoscenza sia subordinata all'oblio creativo: se la conoscenza è equiparabile al pieno, l'oblio creativo è equiparabile al vuoto. Entrambi sono necessari a costruire una creazione, ma ciascuno offre un contributo distinto. La composizione troverà possibilità infinite nel giardino infinito dell'oblio creativo e nel suo terreno fresco e fertile. La conoscenza è fondamentale ma la sua formazione è in genere così rigida da impedire all'immaginazione creativa e al pensiero di agire liberamente entro i suoi limiti.

Come nella relazione tra vuoto e pieno, la conoscenza può sempre penetrare il vuoto dell'oblio creativo. Se a livello materiale l'uomo si muove e vede attraverso il vuoto, a livello mentale immagina e pensa attraverso l'oblio creativo.

L'arte è un manufatto che cresce. A differenza della scienza che dà forma a ciò che forma non ha, l'arte libera ciò che è artificialmente imprigionato. Da un punto di vista positivo, è corretto dire che la forma in genere segue la funzione. Per liberare l'espressione estetica e del carattere dalla prigione del formalismo funzionale, oltre che per venire a patti con il limite fisico, è altrettanto utile sapere che l'adattabilità umana non ha limite definito e che la funzione può benissimo seguire la forma. È quando la razionalità e l'irrazionalità vengono a patti reciprocamente che l'arte dell'architettura acquisisce la prima libertà di crescita.

Anche se il ragionamento, cioè il frutto della conoscenza, può essere usato come strumento per guidare l'immaginazione allo stato subconscio della creazione, la conoscenza stessa deve fondersi con l'oblio creativo per essere applicata in modo cosciente alla definizione e modellazione della forma immaginata.

Anche se apparentemente superficiale e vuoto, l'oblio creativo nasconde un tesoro infinito nella profondità costantemente esplorativa della libertà. Un architetto che desideri comporre un edificio unico e autentico deve sapere, quindi, non solo cosa non fare ma essere pronto ad avventurarsi senza timore nella zona vaga, tortuosa, oscura e incerta dell'oblio creativo – l'immaginazione.

Per quanto profondo e ricco, l'oblio creativo non è affatto la fonte della perfezione. Dal momento che aspettarsi la perfezione equivale a preparare la fine della creazione, ciò che un architetto fatica tanto a produrre non è altro che il prodotto meno indesiderabile: sarà quindi il suo cuore così incarnato a trascendere l'opera della sua mente.

Per quanto grandiosa e duratura, la creazione umana è comunque destinata a svanire da questo mondo. L'architetto che scopre che nemmeno il suo nome, ammesso che riesca a durare, lo rappresenta in modo autentico non potrà che dolersene. Un architetto potrà trovare vera soddisfazione solo accettando l'esistenza della vita spirituale e considerando l'annullamento del proprio essere tangibile come un contributo positivo all'umanità.

Il contenuto intangibile conferisce qualità vitale alla forma architettonica; l'oblio creativo conferisce qualità vitale all'architettura; e l'essere spirituale conferisce qualità vitale alla vita stessa. Di questi tre aspetti del non-essere, il tema di questa analisi è il contenuto intangibile nella forma architettonica. L'oblio creativo e l'essere spirituale sono chiamati in causa perché solo l'integrazione di tutti e tre i fattori consente alla conoscenza di acquisire vero significato.

La qualità vitale dell'architettura, come la qualità vitale dell'umanità stessa, esiste non solo nell'ambito materiale ma anche in quello dell'intangibilità, l'ambito che ogni uomo deve trovare e conquistare per sé.

Il TAO dell'architettura
di Amos Ih Tiao Chang

Postmedia books 2016
86 pp. 37 ill.
isbn 9788874901715

Finito di stampare nel mese di ottobre 2016

Postmedia Srl
Milano
www.postmediabooks.it